Infinitamente Mais

Catalogação na Fonte
Elaborado por: Dayanne Leal Souza
Bibliotecária CRB 9/2162

H445i
2025

Heberle, Maria Cristiane Zem
Infinitamente mais / Maria Cristiane Zem Heberle. – 1. ed. – Curitiba: Appris, 2025.
88 p. ; 21 cm.

ISBN 978-65-250-8531-9

1. Sofrimento. 2. Entrega. 3. Agradecimento. I. Heberle, Maria Cristiane Zem. II. Título.

CDD – 800

Editora e Livraria Appris Ltda.
Av. Manoel Ribas, 2265 – Mercês
Curitiba/PR – CEP: 80810-002
Tel. (41) 3156 - 4731
www.editoraappris.com.br

Printed in Brazil
Impresso no Brasil

Maria Cristiane Zem Heberle

Infinitamente Mais

artêra
editorial
Curitiba, PR
2025

FICHA TÉCNICA

EDITORIAL	Augusto V. de A. Coelho Sara C. de Andrade Coelho
COMITÊ EDITORIAL	Ana El Achkar (Universo/RJ) Andréa Barbosa Gouveia (UFPR) Jacques de Lima Ferreira (UNOESC) Marília Andrade Torales Campos (UFPR) Patrícia L. Torres (PUCPR) Roberta Ecleide Kelly (NEPE) Toni Reis (UP)
CONSULTORES	Luiz Carlos Oliveira Maria Tereza R. Pahl Marli C. de Andrade
SUPERVISORA EDITORIAL	Renata C. Lopes
PRODUÇÃO EDITORIAL	Bruna Homen
REVISÃO	Viviane Maria Maffessoni & Nathalia Almeida
DIAGRAMAÇÃO	Renata Miccelli
CAPA	Dani Baum
REVISÃO DE PROVA	Emily Pinheiro

A Deus, ao meu esposo, aos meus filhos e à muitas mulheres que vivem situações parecidas ou iguais em seus relacionamentos.

Agradecimentos

Agradeço a Deus, primeiramente, por todos os momentos difíceis em minha vida, pois hoje reconheço a força que me proporcionou, para enfrentar as dificuldades e os desafios, me fortalecendo e me aproximando mais do Senhor. Por me dar sabedoria para reconhecer o seu propósito, perante as dificuldades e para confiar em Teus Planos, crescendo e fortalecendo a minha fé. Em meio à dor e à dificuldade, é possível encontrar a esperança e o propósito em Deus.

Agradeço ao meu esposo, por ter criado um ambiente seguro e acolhedor para a busca da espiritualidade em minha vida. Meu marido tem sido um grande apoio em minha vida espiritual, me ensinando a orar, a buscar a Deus, a desenvolver uma relação mais íntima com o Senhor.

Agradeço aos meus filhos, que sempre estiveram ao meu lado, em todos os momentos da minha vida. Mesmo sendo um ambiente de medo, tensão e insegurança, foram sempre um apoio emocional, ouvindo e entendendo as minhas dificuldades. Manifestando empatia e até mesmo buscando soluções para muitas situações.

O apóstolo Paulo declara que Deus é poderoso para fazer infinitamente mais do que tudo o que pedimos ou pensamos, de acordo com o poder que atua em nós.

(Efésios 3: 20).

Sumário

Sua infância ... 13

O Sonho ... 18

Começa sua decepção ... 22

Provar os fatos ... 29

Primeira experiência na Igreja Evangélica ... 36

O retorno ... 51

Quando acabou a esperança ... 58

Pedido de desculpas ... 68

Entrega a Jesus ... 77

Sua infância

De uma família tradicional de um bairro de Curitiba, Claudia, menina pacata e meiga, de cabelos louros escuros e olhos castanhos, tinha um grande sonho: casar-se com um homem do mesmo bairro, porém bem-sucedido. Teve uma infância conturbada, viveu em uma casa grande, bem construída, mas com energias negativas, em um ambiente nocivo e pesado.

Seu pai era um alcoólatra incontrolável, bebia muito e, enquanto estava tomado pela bebida, era agressivo. Batia em sua mãe e, algumas vezes, Claudia acabava sendo atingida por essas agressões. Sua infância foi de uma criança bastante solitária e com muitos medos. Perguntava sempre para a sua mãe sobre a sua irmã, que era dois anos mais velha. Sua mãe entregou sua irmã, Leticia, com apenas três anos de idade, para a avó materna, que era sozinha, viúva, e tinha muito medo de morar sozinha, pois seu avô havia falecido há anos, enquanto tomava uma injeção na farmácia, teve uma parada cardíaca e faleceu. Claudia tinha muita vontade de brincar com sua irmã. Muitas vezes, ia até a janela e, falando sozinha, perguntava: "Como demora a Leticia!".

Claudia, sua mãe e seu pai moravam ao lado de seus avós paternos. Seus avós paternos tinham mais três filhas; seu pai era o filho mais velho. Muitas vezes, seus avós tentaram fazer com que o seu pai mudasse de comportamento, mas nada fazia com que ele deixasse seu vício.

Brincava muito com suas bonecas. Tinha uma boneca que era a preferida: Dorminhoca, uma boneca com o corpinho de pano, de cor vermelha, mas com a cabeça de borracha. Gostava muito de brincar com seus primos por parte de pai. Maurício era o primo que tinha quase a sua idade. Costumavam ir à casa de seus avós, ao lado da casa de Claudia, em uma chácara. Seus avós tinham plantações de milho, batata doce e muitas outras plantações. Gostavam de entrar na plantação de milho e, de lá, gritavam seus nomes. No fogão a lenha, em que sua avó assava os pães e fazia muitos biscoitos, pegavam as cinzas do fogão e colocavam os ovos que juntavam do galinheiro para fazer "o bolo". Momentos esses muito divertidos, porém houve muitas noites assustadoras. Quando seu pai bebia, ficava transformado e queria agredir sua mãe. Muitas noites, Claudia e sua mãe fugiam na noite, indo para a casa dos vizinhos e até mesmo para a casa de seus avós, onde corriam para se esconder no sótão — um lugar escuro e com muitos morcegos —, mas ali que dormiam, assustadas e com muito medo.

Aos sete anos de idade, Claudia começou a frequentar a escola próxima de sua casa, em uma escola rural simples. Foi nessa escola que aprendeu a ler e escrever.

Gostava muito da sua professora Dinalva, que era muito querida e atenciosa com todos.

Claudia era uma boa aluna, embora tivesse dificuldades em Matemática.

Sua mãe tinha mais seis irmãos. Um deles, preocupado com a vida que ela levava com o marido, foi buscá-la para que voltasse para a casa da avó materna. A casa era bem grande, e ela conseguiu fazer uma morada na parte de cima.

Seu pai, quando estava lúcido, quando não bebia, era carinhoso e atencioso. Preocupava-se com a família. Sabendo que

Maria, sua esposa, e sua filha haviam saído de casa, foi atrás delas para tentar contornar a situação e propor que voltassem. Porém, depois de muito sofrimento, Maria se recusou e permaneceu na casa de sua mãe, em sua morada.

Antônio, seu pai, muito prometeu que mudaria e conseguiu ficar morando ali com Maria e sua filha, Claudia. Mas o vício continuou: ele seguia bebendo muito. Porém, como a casa era de sua mãe, Maria tinha como contornar a situação. Quando ele estava furioso por causa da bebida, ela dizia que estavam na casa da sua família, que ele não poderia bater, gritar, xingar ou até mesmo quebrar algo, pois a casa não era dele e seus irmãos estavam lá para defendê-la.

Claudia precisava continuar estudando. Sua mãe a matriculou no colégio de freiras do bairro, onde sua irmã Leticia já estudava. Ficou feliz por estar próxima da irmã, mas não percebia que Leticia carregava traumas por ter tido uma infância longe do pai, da mãe e da própria irmã. Cresceu muito revoltada. Com apenas dez anos, Leticia enfrentava os pais, respondia, xingava e batia muito em Claudia. Apresentava muitas dificuldades por ter passado alguns anos longe da família como: ansiedade, raiva e sentimento de culpa, de abandono e isolamento. Os sentimentos de solidão e abandono a dominam até os dias de hoje, mesmo casada e com suas filhas adultas. Conseguia se envolver em vários conflitos com as pessoas da família. A ausência dos pais no crescimento de Letícia influenciou de maneira direta no emocional e no seu caráter. Leticia era uma excelente aluna, com notas muito altas. Já Claudia tinha muitas dificuldades na aprendizagem, principalmente em Matemática.

Alguns meses após se instalarem na nova casa, Claudia pegou meningite viral e precisou ficar internada no hospital da Cruz Vermelha, em isolamento. Sentia muita falta dos pais, que apenas podiam fazer visitas de longe, sem contato nenhum. Claudia ficou internada por uma semana. Foram dias difíceis. No isolamento havia muitas crianças como ela, longe de suas famílias, e crianças em estado pior, pois contraíram meningite bacteriana e vieram a óbito. Após esses meses, Claudia recebeu alta, e o médico avisou sua mãe que ela não teria sequelas. Ao chegar em casa, suas primas, que também ali moravam, e sua irmã a receberam com chuvas de pétalas e com muito carinho. No entanto, sua irmã ainda sentia desprezo por Claudia. Sentia muitos ciúmes, pois seus pais estavam dando mais atenção para Claudia, devido ao acontecido.

Durante muitos anos, houve uma convivência marcada por um mau relacionamento familiar, gerando um afrontamento por parte de Letícia, que respondia e desobedecia aos pais.

No terreno, havia três casas: a casa onde moravam Claudia e sua família, em cima; na parte debaixo dessa casa, morava sua avó Helena. Com a chegada da família, quem passou a dormir todas as noites com a avó Helena foi Claudia. Sua irmã, Letícia, dormia na parte de cima com os pais. Havia também a casa de seus tios e suas primas e a casa de um outro tio, irmão mais velho da mãe de Claudia. Assim, as meninas foram crescendo e as primas ficaram muito ligadas. Claudia se identificava mais com Mari, sempre juntas, assim como Letícia com a outra irmã, Stella.

A partir desse momento, sua infância foi mais tranquila. Seu pai ainda bebia muito, mas sua mãe conseguia contornar a situação em relação à sua agressividade. Logo chegou à adolescência e Claudia se tornou uma menina muito calada e introvertida; na escola, não tinha muitos amigos. Seus pais, de religião católica, obrigavam as meninas a irem na igreja para assistir à missa todos os finais de semana.

Aos 18 anos, Claudia começou a trabalhar, e seu salário ajudava a manter seu vestuário. Teve alguns namoradinhos, na época conhecidos como "paqueras", mas nenhum relacionamento sério. Os anos se passaram, e em um baile gauchesco ali mesmo no bairro, conheceu seu futuro marido. Começaram a namorar, e Caio, seu namorado, precisou pedir a sua mão em namoro para Antônio, seu pai. Claudia era muito reprimida pela mãe. Maria, muito sofrida pela situação, tinha vários acessos de raiva e acabava por descontar em Claudia, com tapas e puxões de cabelos.

O Sonho

No namoro, Caio, algumas vezes, demonstrou que não seria aquele esposo compreensivo e paciente, o marido que cuidaria de Claudia. Como ela era muito ingênua e Caio sabia disso, ele dava justificativas e desculpas, e Claudia aceitava, relevava e continuava a sonhar com seu tão esperado casamento. Claudia e Caio namoraram por apenas um ano, noivaram e resolveram se casar. Para Claudia, essa situação foi como uma fuga, devido ao comportamento agressivo da mãe. Crédula, achava que estaria se libertando da opressão que vivia em sua casa. Era como se Maria, com suas agressões, quisesse descontar toda a frustação e sua ira por estar suportando o alcoolismo de Antônio na filha. Claudia também achava que tinha encontrado o grande amor de sua vida e que, como em um conto de fadas, seria feliz para sempre. Sua mãe não havia preparado Claudia para encarar os possíveis problemas da vida e, na inocência, achava que seu marido seria sua salvação.

Chegou o grande dia: o dia do seu casamento. Vestido branco, celebração na igreja e uma linda festa no restaurante próximo do bairro. A mãe de Claudia sempre viveu pensando em como todas as situações de sua vida eram vistas pelas pessoas de fora, principalmente as que moravam no bairro onde residia. Buscava sempre agir de maneira correta, para proteger a sua própria imagem, manipulando situações e mentindo. Sendo assim, Maria pensou em uma grande festa para sua filha: um vestido branco maravilhoso, encantador. Antônio, seu pai, mesmo não tendo condições para sustentar financeiramente o casamento, foi obrigado por Maria a fazer um empréstimo no banco para poder custear as despesas do tão sonhado casamento de Claudia. Caio propôs que a ida da casa de Claudia até a igreja fosse de carruagem, num trajeto de uns 200 metros da sua casa até a igreja. A mãe de Claudia também pediu para o coral do bairro que cantasse no casamento. Eram pessoas que a conheciam, pois Maria era muito influente, cresceu e viveu por muito tempo naquele bairro. Foi um grande evento, apesar da chuva. Claudia estava feliz, radiante por estar realizando o seu sonho. No decorrer do casamento, tudo saiu maravilhosamente bem. Porém, depois do jantar, após ter acontecido a dança dos noivos, Caio foi puxado por uma convidada para dançar. Essa moça tinha sido convidada pelo noivo, por estar trabalhando com ele. Eles tinham uma sociedade com pensão de cavalos, na Cabanha P. B., lugar criado por Caio, que já havia ganho prêmio como uma das melhores cabanhas da região. Local com instalações próprias para assegurar higiene, cuidados e descanso dos animais.

Claudia chegou a questionar o comportamento dessa sócia em seu casamento, mas Caio dizia que não tinha nada de errado e que a respeitava.

Caio era um homem alto, forte e muito machista. Esse comportamento fazia com que se sentisse "o valentão"; rejeitava a igualdade de condições sociais e direitos entre homens e mulheres. Esse comportamento deixou transparecer no ano em que namoraram e noivaram, mas para Claudia, Caio era o homem perfeito.

Foram morar em outro bairro de Curitiba, na casa da sogra, mãe de Caio. Nina, sua sogra, era uma mulher que vivia sozinha. Passou a morar com sua irmã Sueli para deixar sua casa para Caio e Claudia morarem. Eram três casas: a do meio pertencia à sogra, à direita, morava um dos irmãos gêmeos com sua família; e, à esquerda, moravam a tia Lurdes e, no momento, Nina.

Para satisfazer seu marido, Claudia pediu demissão da instituição financeira em que trabalhava. Muito ingênua, achando que deveria obedecer ao seu futuro marido, não questionou essa decisão.

Claudia, que não trabalhava, dedicava-se aos afazeres domésticos.

No começo do casamento, Caio era presente. Saía cedo de casa para trabalhar e retornava no final do dia. Trabalhava nesta cabanha, que ficava em outro município.

Depois do primeiro mês de casamento, Caio avisou para Claudia que ficaria durante a semana na cabanha, mas viria nos finais de semana para ficarem juntos. Ela ficou triste, pois pensava que um casamento seria a esposa sempre junto de seu marido. Sua sogra morava na casa ao lado, era sempre presente e poderia dizer que era sua "segunda mãe". Sempre que precisava de algo, tentava resolver da melhor maneira possível, ajudar Claudia no que precisasse. Claudia tomava anticoncepcionais para evitar filhos, mas esses remédios lhes faziam muito mal: muitas dores de cabeça, náuseas e dores nas pernas. Por mais que tivesse mudado de medicamento, devido às reações adversas, os sintomas continuavam. Então, resolveram parar com os anticoncepcionais.

Após um mês, Claudia engravidou. Sua mãe criticou, falando que poderiam ter aproveitado mais o casamento. Mas, como Maria não era muito presente, não deu os conselhos e as orientações que uma mãe deveria dar à filha. Depois do casamento, sua mãe conversava com Claudia por telefone e, às vezes, no final de semana, aparecia em sua casa. Claudia passou a entender que sua mãe não queria estar muito próxima e sentia muito a ausência dela. Como a família de seu marido era composta de muitos médicos, Caio tinha atendimento gratuito para Claudia. Sendo assim, Caio levou Claudia para consultar com seu tio ginecologista. Fizeram os exames necessários e tudo estava bem. Após três meses de gravidez, Caio marcou o exame para saber o sexo da criança. O exame seria realizado por seu outro tio, especialista em andrologia, e, como sua clínica possuía os equipamentos adequados, fizeram os exames por lá mesmo. No momento do exame, quando seu tio falou que seria um menino, escutando os batimentos do coraçãozinho de seu filho, houve muita emoção! Seus olhos se encheram de lágrimas. Claudia se viu tomada pelo momento e as lágrimas escorreram pelo seu rosto. Caio ficou muito feliz, faceiro por saber que seria um menino, e pronunciou a frase: “Um gaúcho macho!”.

Começa sua decepção

O casamento já não estava indo bem. Caio começara a passar semanas sem aparecer em casa, dizendo que precisava trabalhar para ganhar dinheiro e sustentar a família, que agora tinha mais um serzinho a caminho. Claudia, apesar de ter sua sogra, que estava sempre ao seu lado lhe amparando, sentia-se muito só. Os meses se passaram e chegou o dia do nascimento de seu primeiro filho. Em 19 de dezembro, na madrugada, a bolsa membranosa se rompeu. Claudia preocupada, ligou para sua mãe para perguntar o que precisava fazer. A mãe explicou e disse que poderia ir para o hospital, que era chegada a hora. Caio, que naquele dia se encontrava em casa, ajudou Claudia a arrumar as coisas e foram para o hospital. Neste momento, Caio estava todo orgulhoso, pois sabia que o seu filho, homem e varão, ia nascer. O tio de Caio fez o parto. Ele não quis participar do nascimento do filho e aguardou na sala de espera. Após o nascimento com a chegada do seu primeiro filho, Claudia, muito emocionada, pediu para que Caio dormisse no hospital com ela. Porém, ele respondeu que não poderia, pois precisa voltar para a cabanha para resolver seus problemas e negócios. Triste e melancólica, devido as emoções pós-parto, Claudia acabou aceitando a situação, e quem passou a primeira noite com ela foi a sogra. Ao retornarem para casa, Caio escolheu o nome do filho: Enrico. Claudia sem chances, acaba por escolher o segundo nome do filho.

Todo aquele carinho que sua sogra tinha logo acabara. Com o nascimento de Enrico, Nina passou a querer controlar a todo o tempo a rotina do neto. Não dava espaço para Claudia cuidar de seu filho. Ela queria estar a todo o momento com a criança no colo. Com isso, acabou gerando vários conflitos. Claudia tentou se queixar ao marido, que não deu atenção a ela e ainda dizia que a sua mãe estava certa.

Caio sempre frequentava os rodeios gauchescos. Por estar envolvido em CTG (Centro de Tradições Gauchescas), foi patrão de CTG, fundou CTG e chegou a ser patrão do MTG (Movimento das Tradições Gaúchas), que representava a nossa região no Paraná. Mas, nessa caminhada de tradicionalismo, nunca se mostrou como um homem casado. Claudia não percebia essa situação, vivia sempre com medo, não conseguia enxergar a verdade e, quando tentava, perguntando sobre alguma situação em relação a mulheres, Caio dizia que ela estava louca, que enxergava coisas. Inclusive, muitas vezes, com seus pais, Claudia foi aos rodeios e, em um desses rodeios, avistou Caio puxando uma moça em seu cavalo. Ela perguntou o porquê dessa situação, pois pareciam bem íntimos, mas, como sempre, Caio, dizia que não existia nada e que sempre a respeitava.

Depois que o filho Enrico nasceu, com apenas três meses de idade, em um final de semana foram ao rodeio. Em alguns rodeios, Caio levava sua esposa e filho. Claudia começava a ter algumas desconfianças sobre a postura de seu marido. Achava que Caio não era esse homem que aparentava ser: um homem de família, que realmente vivia para sua família e para o trabalho. Vários indícios, desde o começo, sinalizavam que Caio não era a pessoa certa para ser seu marido. Mostrava-se egoísta na cama, comportava-se com muita grosseria. Claudia estava sempre sozinha, tendo a sensação de que casamento era algo muito ruim. Mas, por fim, acabava ignorando esse comportamento de seu marido, devido às aparências, ao que os outros iriam comentar e também por conta da existência de uma criança inocente, que não pediu para vir ao mundo, mas que agora precisaria de proteção.

Assim como ia sempre aos rodeios, Caio fazia também os torneios, festas campeiras e torneios de laço em sua cabanha. Muitas vezes, as festas organizadas por Caio eram bem movimentadas, com muitas pessoas.

Em uma dessas festas, Claudia chamou seu pai e sua mãe para irem. Estava ansiosa por trajar seu filho com a vestimenta gauchesca e levar para que o pai, Caio, ficasse orgulhoso ao ver o filho que, no futuro, daria continuidade ao seu trabalho. Chegando lá, Caio foi ao encontro deles e logo perguntou:

— O que estão fazendo aqui?

— Claudia respondeu: trouxe o Enrico para andar a cavalo e para você ver como ficou bonito com a roupinha de gaúcho.

Nesse mesmo momento, Caio os levou para o escritório dele, fechando a porta. Claudia logo percebeu que Caio não estava feliz em vê-los. Deu a impressão de que queria escondê-los. Claudia sentiu uma grande tristeza, deu um nó em sua garganta, segurou o choro e não quis chorar perante seus pais. Acabou emprestando um cavalo de uma pessoa desconhecida para colocar e puxar seu filho, mas logo foram embora, pois sabiam que não deveriam permanecer ali. Depois da trágica recepção, Claudia, seu filho e seus pais, foram para casa. Caio só retornou para casa na semana seguinte.

E assim foram se passando os anos, e Caio estava cada vez mais ausente. Todo o cuidado com o filho — dar banho, trocar, alimentar — era sempre Claudia quem fazia. Caio poucas vezes segurava o filho; dizia que não tinha jeito com criança. Em datas comemorativas, como aniversário, Páscoa, Natal, Ano Novo, Claudia estava com a família de Caio, mas se sentia muito mal. Eram pessoas que, quando se reuniam, faziam do momento uma competição, principalmente entre as mulheres, que sentiam necessidade de contar para onde viajaram, o que compraram — muito status e dinheiro. Claudia sentia que não fazia parte daquilo tudo. Mas, todas as vezes, suportava a arrogância daquelas pessoas.

Foram muitos anos de desconfianças, e, muitas vezes, ela sabia de situações em que Caio a traía com outras mulheres. Mas, quando perguntava, ele sempre respondia que ela estava louca, que nada daquilo era verdade.

Em um evento tradicionalista, Caio levou Claudia e Enrico. Porém, na presença dela e dos amigos, Caio avistou uma moça muito bonita andando a cavalo e fez um comentário sobre a beleza dela. Um dos amigos de Caio chamou sua atenção, dizendo:

— Nossa, como você fala isso perante sua esposa?

Caio apenas levantou os ombros, mostrando que não se importava com Claudia.

Muitas outras situações semelhantes foram vivenciadas por Claudia.

Festas com mulheres prostitutas, torneios e encontros sempre aconteciam na cabanha. Eram constantes essas situações na vida de Claudia e ela sempre procurando, querendo encontrar provas para poder ter razão. Mas, como Caio era muito esperto, nunca iria assumir nada, sendo machista, autoritário e agressivo.

Após quatro anos vivendo todas aquelas situações, Claudia achava que, se engravidasse novamente, poderia ter um marido melhor.

Vivia sempre na esperança de que aquilo tudo, um dia, iria mudar. Claudia engravidou novamente. Muito feliz, continuou com o mesmo médico, o tio de Caio. Fez todos os exames necessários. Porém, mais uma vez, quando chegou o momento da ecografia para saberem o sexo da criança, Caio a levou, mas, desde o começo da segunda gravidez, ele sempre insistia em dizer que seria outro menino, que não poderia ser menina. Chegando à clínica para fazer o exame, Caio falou para seu tio e as enfermeiras que ali estavam no desejo que fosse um menino. Mas, quando fizeram o exame, o tio falou que era uma menina. Caio começou a gritar, com muita raiva:

— Não pode ser!!!

— Não quero filha mulher! Tudo isso é sua culpa, Claudia.

— Você vai cuidar sozinha!!!

Claudia, neste momento, começou a chorar. Seu peito apertou, queria sumir daquele lugar. Ao saírem da clínica, no carro, voltando para casa, Caio continuou a gritar com muita grosseria:

— Eu te falei que não queria filha mulher!!! Você é culpada!! Claudia começou a chorar muito, sentiu-se ainda mais desamparada e sozinha. Chegando em casa, Caio pegou uma mala pequena, colocou algumas peças de roupa e foi embora mais uma vez, sempre dizendo que ia trabalhar, ganhar o sustento para a família, e que não sabia quando voltaria. A partir desse momento, Claudia, frágil, desprotegida, esperava ansiosa pela sua volta. Acostumou-se com migalhas do seu amor. Passou a acreditar que algumas atitudes de Caio eram pouco importantes, relevar que apenas o fato dele existir, mesmo sem dar todo o suporte que deveria, compensava e que essas "pequenas coisas", então, começavam a ser sublimadas.

Como o convívio de Claudia com sua sogra não estava muito bem, ela continuava a se intrometer na educação de Enrico. Caio, pensando que deveria melhorar essa situação, comprou um terreno próximo de onde ele tinha a cabanha e começou a construir uma casa de madeira bem simples, mas provisória, pois, na parte de cima iria construir uma casa de alvenaria. Depois de alguns meses, mudaram-se para a nova casa. Era um terreno grande, com um galpão e cocheiras. Caio contratou um peão para cuidar dos animais e do terreno. Caio ficava dias sem aparecer em casa. Ia para os rodeios nos finais de semana e falava para Claudia que iria viajar para comprar cavalos, Claudia ficava sozinha com seu filho, não dormia direito, pois tinha muito medo.

Muitas noites, Claudia demorava para pegar no sono, aguardando Caio voltar. Escutava ruídos, barulhos, e sentia muito pavor. Os meses foram passando, Claudia com sua barriga enorme pela gravidez, não tinha máquina de lavar roupas e seu marido trazia muitas roupas para que as lavasse. Lavava as roupas no tanque esfregando-as, roupas muitas vezes com muito barro, devido aos rodeios. Revezava-se nos afazeres domésticos e no cuidar de Enrico. Suportava sempre calada. Em uma dessas vindas de Caio, ele foi muito grosseiro com Claudia, pois a tratava com desprezo. Dizia que não podia chegar perto dela por estar grávida. Em uma noite, quando retornou para casa, Claudia tentou fazer um carinho em Caio. Ele logo a empurrou. Claudia insistiu, mas Caio a segurou pelos cabelos, arrastando-a até o outro quarto, estavam dormindo em quartos separados. Claudia com raiva pela situação chorou muito, sentia-se só e rejeitada.

Caio tinha um amor grande pelo filho, mas não ajudava a cuidar de Enrico. No mês de dezembro, no dia 19, Enrico faria 4 anos de idade. Mas, era nesse mês que Cristina nasceria. No dia 15 de dezembro, nasce Cristina. Claudia precisou fazer cesárea, pois sua filha era muito grande. A menina nasceu com 4,2 kg, linda, de cabelos bem pretos e olhos bem azuis. Quando estava no colo da avó materna, que caminhava pelos corredores do hospital, chamava muito a atenção de todos. A avó ficava muito faceira, pois sua neta era cobiçada por todos. Maria, sua mãe, sempre foi distante. Não era a mãe que Claudia queria ter por perto, uma mãe que a protegesse. As visitas eram rápidas, sem aquele apoio de mãe para com a filha, principalmente quando Caio a maltratava. Claudia tinha uma dependência emocional: não conseguia agir com confiança, precisava de alguém para dar um suporte, tinha dificuldades para tomar decisões sozinha. Era submissa e começou a ter ciúmes excessivos de Caio. Tornou-se extremamente desconfiada, não conseguia ter uma vida tranquila e, além disso, vivia sendo rejeitada.

Provar os fatos

Passados alguns anos, Caio conseguiu finalizar a casa. Com o nascimento de Cristina, Claudia fez a mudança com a ajuda da esposa do caseiro, Terezinha, que fez toda a faxina na casa nova; já seu marido, Nego, fez a instalação dos móveis.

Claudia estava nos quarenta dias de resguardo, período após o nascimento de Cristina. Num final de semana, seus pais foram visitá-la. Sua mãe levou várias peças do enxoval, todos feitos à mão, com tons na cor rosa; peças muito delicadas. Quando as viu, Claudia ficou muito feliz e agradeceu muito aos pais. Caio havia chegado em casa nesse mesmo horário. Olhou as roupinhas, não disse nada. Pegou sua toalha de banho e foi logo dizendo:

— Vou para uma reunião do CTG.

No entanto, Claudia percebeu que algo estava errado e falou para sua mãe:

— Mãe, tenho certeza que não é reunião, ele vai se encontrar com alguém.

Sua mãe, que já sabia dos comportamentos de Caio, respondeu:

— Deixe, você tem seus filhos e precisa se preocupar com eles.

Claudia vivia nesse conflito, suspeitando que Caio sempre a traía. Ele nunca deixava claras as situações de seus envolvimentos, mas eram subentendidas as suas traições.

Em um final de semana, Terezinha, a esposa do caseiro, que sabia o que Caio fazia para sua esposa, contou que haveria uma festa na cabanha e que ela deveria ir de surpresa. No sábado, no final do dia, Claudia pediu para que Terezinha ficasse com o Enrico e com Cristina, que tinha apenas três meses de vida. Terezinha logo se prontificou, dizendo que poderia ficar sossegada que cuidaria muito bem das crianças. Claudia foi a pé, passou por debaixo da cerca, na parte lateral da cabanha, queria entrar sem ser notada. Foi se aproximando e viu que tinha algumas mulheres, as roupas que usavam eram bem curtas. Uma delas estava de calça comprida, porém com a cintura da calça bem abaixo, aparecendo o começo da parte do ânus, podia-se dizer que estava quase sem roupa. Chocada com o que via, foi se aproximando. Ao entrar no salão, Caio mudou o seu semblante e ficou com muita fúria. No salão, as mesas estavam todas arrumadas; algumas mulheres estavam sentadas e havia também alguns homens. Claudia entrou e sentou-se na cadeira de uma das mesas. Muito furioso, Caio se aproximou e disse:

— O que você está fazendo aqui?

Claudia respondeu, em tom irônico:

— Eu vim participar da festa.

Caio, se abaixou e falou:

— Suma daqui agora, porque, senão, vou tirar você arrastada.

Claudia recusou-se a sair e permaneceu ali. Caio se afastou, mas com um semblante irado. Quem estava organizando essa festa era Caio e seu primo Luís. De repente, chegou Laura, filha de Luís. Ela já estava acostumada com esse comportamento de seu pai e acobertava essa situação para que sua mãe não soubesse. Mas tudo o que Laura pedia, Luís lhe proporcionava. Era como uma troca, podia ter esse comportamento disfuncional e sua filha era conivente, sabia e não falava para a sua mãe. Caio chamou Laura e pediu para que dissesse para Claudia sair e ir embora. Laura aproximou-se de Claudia e pediu para que fosse embora, argumentou que, se estivesse ali, não resolveria, Caio não iria mudar. As mulheres que ali estavam perceberam que Claudia era esposa de Caio e passaram a olhar fixamente para ela. Claudia sentindo-se mal pela situação e pensando que estando ali realmente não resolveria nada, levantou-se e saiu. Voltando a pé, percebeu que Caio vinha logo atrás, de carro. Claudia chega em casa, Caio entra, desce do carro muito furioso e bate em Claudia, que foge correndo para a estrada de chão do outro lado da rua. Caio pega o carro, entra nesta rua e tenta achar Claudia, que se esconde atrás de uma manilha, era uma noite escura e fria. Passados alguns minutos, Claudia percebe que Caio não estava mais por perto. Sai correndo, atravessa a rua e chega em casa. Naquela noite, Caio não voltou.

No dia seguinte, ao final do dia, Caio voltou para casa. Todo oponente e arrogante, batia as portas dando socos na mesa, enquanto começava a gritar:

— Não se meta na minha vida! Você não pode ir lá na cabanha, você não é bem-vinda. Vou fazer minhas festas e você não tem nada com isso.

Nisso Claudia, argumenta:

— Festa das prostitutas? Que tipo de festa era essa?

— Não te interessa, sua inútil. Não se meta mais na minha vida. Quero te quebrar de "pau", te bater até você calar essa boca.

Claudia, muito triste e revoltada ficou quieta. Caio, como de costume, foi para o quarto, sempre com as janelas fechadas, num ambiente escuro. Ligou a televisão e colocou os CDs dos filmes; gostava de filmes de ação, como lutas, guerras e confrontos.

Sempre quando ganhava o seu dinheiro, por meio dessas festas ou até mesmo em uma venda de algum cavalo, passava o dia assistindo seus filmes. Não tinha diálogo com Claudia e não dava atenção para seus filhos. Era muito individualista e egoísta, o que importava para ele era seu bem-estar, além de ser egocêntrico, se colocando sempre no centro das atenções. Quando fazia negociação de venda dos cavalos, queria ser ligeiro, como se diz "passar a perna", tinha o hábito de enganar as pessoas para conseguir vantagem para si. Sempre dizia que, em seus negócios, nunca perdia dinheiro.

Em um final de semana, quando Claudia estava na casa de sua mãe, Caio, na noite de sábado, levou uma mulher para dormir na cama do casal, na cama em que Claudia dormia. Terezinha, com dó de Claudia, ao vê-la chegando, foi correndo contar o que tinha acontecido. Claudia quando entrou em seu quarto, a cama estava toda revirada, os porta-retratos que ficavam na mesinha de cabeceira não estavam no lugar. Ao lado, estava o berço de Cristina, Claudia pensava: como ele teve coragem de dormir com outra mulher, olhando para o berço? Que falta de respeito, principalmente com a filha. Desolada ainda mais por aquela situação, Claudia chorou muito.

Seus envolvimentos, na maioria das vezes, eram com mulheres de casas noturnas "zonas", prostitutas.

Caio se envolveu com uma das mulheres da casa noturna próxima à cabanha. A moça, juntamente com suas amigas, foi andar a cavalo na casa de Claudia. Em uma tarde, Claudia escutou gritos e falas altas de mulheres. Dirigiu-se à janela e, por trás das cortinas, escutando as conversas. Uma delas dizia:

— Aqui é a casa do meu namorado — falando para a outra. — Ele deixou a gente andar a cavalo.

O peão que ficava ali pegou o cavalo, encilhou o animal e as moças andaram por algumas horas. Claudia tinha vontade de ir até lá e expulsar todas, mas pensou que não valeria a pena estar se rebaixando e resolveu ficar calada, vendo aquela situação sem se manifestar. Claudia sentia muita raiva e tristeza de tudo isso. Os envolvimentos de Caio não eram por muito tempo, não deixava criar vínculo. Pode-se dizer que era um psicopata no relacionamento, tinha vários casos amorosos, ao mesmo tempo, tendo o sexo como forma de poder e controle. Para Caio, era uma afirmação como homem, "macho", ter muitas mulheres, porém sem respeitá-las, como ele dizia: "Eu uso todas elas!".

Claudia e Caio resolveram fazer o aniversário de 1 aninho de Cristina. Como sempre, sua mãe, Nina, e a irmã Sueli, tia de Caio, davam dinheiro para os aniversários, tanto de Enrico como de Cristina, eram elas que pagavam tudo. A tia Sueli, em cada mudança de estação, comprava roupas para Enrico e Cristina. Caio usava seu dinheiro em festas, dizia que o dinheiro era bem gasto e a satisfação era garantida.

Caio não ajudava financeiramente sua esposa. As compras de mercado eram feitas pela tia e pela sogra de Claudia. De vez em quando, Caio dava algum dinheiro para a sua esposa, que o utilizava para comprar tinta para pintar os cabelos. Era apenas esse dinheiro que Caio a favorecia.

Chegou o dia do aniversário de Cristina. Claudia arrumou a mesa e a decoração com bexigas coloridas. Sua sogra e a tia chegaram trazendo os doces, os salgados, o bolo e os refrigerantes. Claudia fez as sobremesas. Os convidados eram os parentes de Caio: irmãos, esposas e filhos. O tio de Caio, que era o médico de Claudia, também era sempre convidado para as festas. Claudia chamava seus pais e a sua irmã com o marido e suas sobrinhas. Caio, nas festas, não ajudava em nada. Até para atender seus parentes era Claudia quem fazia. Naquele dia, o portão da garagem ficou aberto para as pessoas entrarem. Claudia, que estava entretida atendendo aos convidados no momento da festa e não percebeu que Cristina foi descendo e chegou na rua, bem no meio da rua. Um rapaz, amigo de Caio, parou o carro bem devagar e foi se aproximando da menina, com medo que ela corresse e fosse para a outra via. Ele se abaixou, pegou Cristina no colo, foi conversando com ela e se dirigiu para a casa, entregando Cristina no colo de Caio. Este ficou muito furioso e começou a gritar com Claudia.

— Você não cuida dessa menina! Que perigo! Imagina se um carro atropela Cristina.

Claudia respondeu:

— Você poderia ajudar também. Faço tudo sozinha, poderia ter cuidado da menina.

Todos ali ficaram preocupados com o ocorrido, porém ninguém falava nada para Caio. Sua mãe e sua tia sempre acreditavam em tudo o que Caio contava em relação à Claudia. Ele sempre falava que a pessoa errada era Claudia, que não fazia nada certo, para se isentar de todos os seus comportamentos errados perante a sua família.

Os anos se passaram e nada havia mudado. A vida de Claudia continuava do mesmo jeito: cuidando dos filhos, enquanto Caio continuava com palavras de desprezo, gritos, xingamentos e agressões físicas. Claudia sentia-se menosprezada e, com medo das ameaças, aceitava os abusos. Optou por viver a dor da falsa submissão em prol dos filhos e realmente achava que esse comportamento de Caio, um dia, iria mudar.

As crianças cresceram e já estavam maiorzinhas. Enrico estava com 7 anos de idade. Caio continuava indo aos rodeios e, algumas vezes, levava Enrico com ele. Caio era um pai tóxico, porque queria sempre mostrar seu autoritarismo. Quando estava com Enrico perante todos, humilhava-o com regras inflexíveis, era sempre exigente, se empenhando em punir e desmerecer seu filho, quando suas vontades não eram realizadas da forma como ele queria. Esse comportamento afetava diretamente a autoestima e a autonomia da criança. Claudia, na maioria das vezes, ficava em casa com Cristina, sua companheirinha. Quando ia aos rodeios, as pessoas que frequentavam comentavam sobre o comportamento errado de Caio, envolvendo situações com várias mulheres. Nos rodeios sempre falavam para Claudia, mas ela nunca podia provar. Ficava sempre na desconfiança e Caio sempre negando. Com o passar dos anos, Claudia acabou se acostumando com essa situação, mas sempre carregava consigo uma tristeza muito grande. Com certeza, era Deus quem lhe dava forças, porque a verdadeira força de um ser humano só tem origem em Deus. Vários versículos da Bíblia nos falam sobre isso: "*Por isso não tema, pois estou com você; não tenha medo, pois sou o seu Deus. Eu o fortalecerei e o ajudarei; eu o segurarei com a minha mão direita vitoriosa*" (*Isaías* 41:10).

Primeira experiência na Igreja Evangélica

Nego e Terezinha, os caseiros, precisaram ir embora. Foram cuidar de uma chácara em que teriam a carteira de trabalho assinada e um bom salário.

Caio conseguiu contratar uma família para cuidar de sua casa. Eles passaram a morar na casa de madeira dos antigos caseiros. Seu Dirceu e dona Zulmira tinham quatro filhos: uma menina e três rapazes. Era uma família abençoada, eram evangélicos. Dona Zulmira ajudava Claudia na organização de sua casa. Com isso, se conheceram melhor. Claudia contou como era a sua vida, e Zulmira, prontamente falou para Claudia ir com ela à igreja, a fim de seguir a palavra de Jesus. Claudia logo se interessou e marcaram de irem ao culto. Em um dia de semana, Claudia, Zulmira e as crianças foram até a igreja. No entanto, Claudia tinha uma saúde emocional precária, surgia um sentimento de apatia e de desânimo, ainda não tinha a capacidade de sentir o Espírito Santo. Ela era católica, de uma família tradicional, que todos os finais de semana iam para a igreja participar das missas. Foi diferente para Claudia, pois era uma igreja da Assembleia de Deus, em que todos oravam em voz alta e havia muito louvor. Claudia era uma pessoa muito ansiosa e no pensamento dela, frequentando a igreja, Jesus, iria mudar o comportamento de Caio. Claudia não entendia, acabou por achar que Jesus não estava lhe ajudando, que não se importava com ela, que seria apenas mais uma entre tantos que precisavam do seu amor. Devido ao seu estado emocional, gostou do culto, mas não sentiu a presença de Jesus. Foi ao culto mais umas duas vezes e por fim desistiu. Mas a esperança que um dia Caio mudaria era muito forte.

Claudia tinha um amor muito grande pelos seus filhos e sempre cuidou deles sozinha. Era uma excelente mãe. Enrico já estava na escola, sua sogra e a tia pagavam o colégio particular. Compravam uniforme, material, Caio não ajudava. Seu ganho era para si. Quando tinha alguma apresentação ou homenagem na escola, era sempre Claudia quem estava presente. Até mesmo em homenagens para o Dia dos Pais, Caio sempre dava uma desculpa e não ia.

Assim se passaram os anos, e Cristina também começou a frequentar a escola. Enrico não gostava de estudar, mas sua mãe sempre estava ao seu lado para auxiliar quando precisava nas tarefas de casa. Já Cristina, apesar de mais nova, gostava da escola e tinha muito interesse pelos estudos.

O relacionamento de Claudia e Caio era muito inconstante. Tinham seus momentos íntimos, mas não eram frequentes. Sendo assim, Claudia parou de usar medicamento de prevenção à gravidez.

Como Caio não era muito presente em relação a família e no momento precisava de dinheiro, resolveu vender a casa, Claudia era contra essa decisão, mas Caio conseguiu convencer Claudia, compraria uma casa no bairro onde a mãe de Claudia residia. Argumentou que ficaria mais próxima da sua família. Claudia acabou concordando na venda da casa. Caio, então, passou a procurar uma casa no bairro onde sua sogra morava. Na realidade, queria se livrar do compromisso de ter que estar todos os dias com Claudia. Nesse tempo de venda e procura por uma outra casa, que durou mais de um ano, Claudia acabou engravidando. Mais uma vez, foi atendida pelo tio, médico da família. E, mais uma vez, Caio ansiava por um filho homem, afirmando que seria “um macho”. No quarto mês de gravidez, foram novamente fazer o exame para saber o sexo do bebê. Claudia estava certa de que, dessa vez, não passaria pela humilhação da gravidez anterior. Mas estava enganada. Ao saber do sexo do bebê, Caio repetiu toda aquela situação, gritando, perante todos, dizendo:

— Eu já te falei que não queria mais uma filha mulher! Será que você, não me escuta? Você é culpada!

Claudia estava com muita vergonha dessa situação. O tio de Caio ainda falou:

— Pare, Caio, não faça assim. Fará mal para o bebê.

Claudia se pôs a chorar. Nesse momento da sua vida, por todas as situações que já havia vivenciado, Claudia sentia-se reprimida, humilhada. Tinha uma angústia muito grande, muita ansiedade, sentia-se inútil e com grande culpa. Em todos os anos de seu casamento, Caio usava de abuso psicológico: era manipulativo, cruel, queria sempre controlar, dominar. Fazia ameaças, chantagem, insultos, deboches públicos — atitudes que abalavam sua autoestima. Caio se colocava em uma posição de poder e controle perante Claudia.

Ao retornar do médico, chegando em casa, Caio disse que precisaria fazer uma viagem. Todo dono de si, como sempre, fez sua mala e saiu. Claudia sentia-se sozinha, com uma tristeza muito grande. Mas Deus estava sempre com ela, era Ele quem lhe dava forças. Claudia falava com Deus enquanto chorava e pedia sua proteção. Ao ver seus filhos, que vinham ao seu encontro com um abraço, um beijo, sentia-se protegida e pensava que eles precisavam de seu cuidado, pois eram crianças, muito frágeis ainda.

Passaram-se os meses e Caio estava pior: ignorava totalmente a esposa. Em uma certa noite, voltando da farra, de madrugada, Claudia — que não tinha conseguido dormir — foi ao encontro dele. Achava que poderia melhorar a situação e tentou conversar novamente. Estavam dormindo em quartos separados, mas, mesmo assim, ela tentou mais uma vez, pois ainda tinha a esperança de que, dessa vez, seria diferente. Caio bateu à porta, expulsando a mulher. Esta abriu a porta e, nesse momento, ele levantou da cama, agarrou Claudia pelos cabelos e a arrastou até o quarto dela. Claudia, grávida, gritava por socorro. Caio fechou a porta do quarto. Claudia, com medo, chorava muito. A mesma situação do passado se repetia.

Com todo o barulho, Enrico e Cristina acordaram assustados. Enrico já dormia sozinho em seu quarto; Cristina, com 3 anos, dormia no berço. Claudia acalmou as crianças, que choravam muito. Elas voltaram a dormir, mas Claudia continuava a chorar. Sentia uma tristeza muito profunda.

O dia do nascimento de Giovanna chegou. Ela nasceu em 16 de agosto: uma menina linda, pesando 3,600 kg. Claudia, muito sensível e precisando do apoio de Caio, pediu que ele dormisse no hospital, pois queria a presença do pai. Mas, ao visitar Claudia e a filha nova, Caio avisou que não poderia dormir ali, pois precisava voltar para a cabanha. Naquele dia, Caio havia deixado seu carro na oficina e voltaria de ônibus. Com uma sacola — dentro da qual levava algumas peças de roupa — despediu-se de Claudia. Esta ficou arrasada, mas, com dificuldades para se levantar devido à cirurgia, foi até a janela do quarto. Lá, avistou Caio, que esperava o ônibus, mas no sentido contrário ao da cabanha. Claudia teve a confirmação: com certeza, ele deveria estar indo para a casa de alguma mulher. Naquele dia, quem ficou com Claudia foi sua sogra, que logo chegou. Claudia, chorando, comentou com sua sogra, que respondeu que ela deveria se preocupar com ela e com o bebê, e não pensar no que Caio estava fazendo. Disse ainda que ele era uma pessoa difícil, mas que amava muito seus filhos. Claudia não quis continuar a conversa porque sabia que ela só iria defender o filho.

E um final de semana, no mês de janeiro, durante as férias escolares, Claudia foi fazer um procedimento em seu cabelo. Ao sair do salão, passou na casa da mãe para pegar seus filhos, mas Enrico quis ficar o final de semana com a avó. Claudia pegou as meninas — Cristina, com 4 anos, e Giovanna, que estava com apenas 6 meses — e, voltando para casa, fazia muito calor, ficou preocupada, pois estava se formando um temporal. Não demorou muito para começar a chover forte. Em uma descida na BR, Claudia não conseguiu frear o carro, que entrou em aquaplanagem. Chovia muito e sem ter o que fazer, apenas esperou o carro bater no canteiro central, que separava as duas pistas. Claudia estava de cinto de segurança. Cristina, no banco traseiro, também estava de cinto. Mas, Giovanna, com apenas seis meses de vida, estava deitada no banco traseiro, totalmente desprotegida. Com o impacto da batida, passou para o colo de Claudia, como se estivesse sendo guardada por um anjo. Giovanna chorava muito, estava assustada. Cristina chorava também, mas Claudia conseguiu acalmar Giovanna. Estava preocupada, porque sentia muita dor nas costas e a chuva não cessava, estava muito forte. Sem saber o que fazer, Claudia começou a gritar, pedindo socorro. Um rapaz que estava passando de bicicleta parou. Muito educado, perguntou se estavam todas bem. Claudia disse que sentia muita dor nas costas e que Giovanna ainda chorava bastante. O rapaz conseguiu chamar a polícia militar, que já chamou o SIATE. Fizeram o atendimento necessário. Um amigo de Caio, que passava no momento do acidente, ligou rapidamente para ele. Este muito apavorado, pegou carona e logo chegou ao local. Assustado, enquanto colocavam Claudia na ambulância, pegou as meninas. Giovanna ainda chorava muito, mas, vendo que estava no colo do pai, se acalmou. Caio logo chegou no hospital. Claudia estava na maca, esperando para ser atendida. Com as duas meninas em seu colo, começou a chamar sua atenção:

— O que você pensa que está fazendo? Quer matar minhas filhas? Sua irresponsável!

Claudia, assustada perguntava o tempo todo pelas meninas:

— Como elas estão? Se machucaram?

Caio nem respondia.

Levaram Claudia para fazer exames. No raio X, acusou fratura parcial de uma vértebra. Os médicos, preocupados, fizeram Claudia mexer as pernas e os braços, com receio de uma lesão que causasse perda de movimentos. Mas, graças a Deus, precisaria apenas de repouso para cicatrização do osso da vértebra. Ao sair do hospital, foi preciso deixar Giovanna com sua mãe, pois Claudia não poderia erguer peso. Caio deixou Claudia em casa. Muito nervoso, saiu para resolver o conserto do carro. Estava indignado pelo prejuízo com a batida do carro.

Assim se passaram os dias. Claudia, triste e com muitas saudades de Giovanna, que estava longe, ligava todos os dias para sua mãe, a fim de saber notícias da filha. O repouso seria por seis meses — longos meses longe de sua filha.

Com o tempo, os meses passaram e a rotina voltou em sua casa. Enrico e Cristina na escola, enquanto Giovanna permanecia com Claudia, que sempre cuidava dos filhos. Já Caio levava uma vida de libertinagem.

Caio, novamente, insistia na venda da casa. Queria sua "liberdade", não ter compromisso e a responsabilidade como pai de família. Ainda mais depois do acidente, pensava em comprar uma casa próxima à sogra, para que ela o ajudasse a atender seus filhos.

Claudia havia se recusado, pois sabia que uma casa com uma estrutura como aquela seria difícil Caio construir novamente. Porém, com o acidente, ela ficou mais frágil pensando que a distância para ir até sua mãe seria um empecilho. Assim, resolveu que a venda da casa seria a melhor opção.

Claudia pediu ao pai, que tinha uma imobiliária, para procurar uma casa no bairro onde moravam ou próximo dali. Seu Antônio se empenhou na procura da casa e encontrou uma casa grande, bem edificada, perto do bairro onde moravam. Claudia ficou muito feliz ao saber que estaria perto de sua família e que estaria amparada por sua mãe e seu pai.

Seu pai não estava muito bem de saúde. Tinha a dependência do tabagismo e andava muito deprimido. Sua mãe fazia muitas queixas em relação a ele. Sem entender, todos os finais de tarde ele saía de casa ou até mesmo ia direto do trabalho para um bar, com a desculpa de que ali faria muitos negócios ou até mesmo que era o momento de sua descontração. Sua mãe acabava aceitando, mas com preocupação. Em um final de dia, não se sentiu muito bem e acabou sendo internado no hospital. Com dificuldades para respirar, o médico diagnosticou hipertensão e comprometimento em um dos pulmões. Permaneceu internado para mais alguns exames e tomar medicação. Seu pai teve alta hospitalar. Passou uma semana em casa, mas teve uma piora na sua saúde, e ele precisou ser internado novamente. Em uma manhã, Claudia avisou Caio que iria até o hospital para visitar seu pai e levar uma televisão, pois Antônio havia pedido: estava entediado sem fazer nada. De repente, Caio voltou para casa muito apressado. Claudia até ficou um pouco assustada com o barulho que ele fez com o carro. Quando Caio desceu do carro, ao seu encontro, logo falou:

— Seu pai faleceu!

Claudia sentiu como tivesse perdido o chão. Ficou sem palavras e se pôs a chorar. Falou:

— Não acredito! Estava quase saindo para ir vê-lo!

Uma tristeza profunda tomou conta de Claudia. Chorava muito. Ligou para a sua mãe, que também estava sensibilizada e chorava com a morte de Antônio.

Após o enterro de seu pai, Claudia, preocupada com sua mãe, pediu para que fosse passar alguns dias com ela em sua casa. Mas Maria não quis; disse que preferia ficar em casa.

O pai de Claudia já havia deixado todo o negócio da venda da sua casa e a compra de outra, restando apenas a finalização. Caio fez toda a documentação necessária e Claudia iniciou eu trabalho na organização da mudança. Após alguns dias, já estavam na casa nova: um sobrado bem construído, com três quartos, sendo um com suíte e dois banheiros. O terreno atrás da casa era bem grande, ótimo para as crianças brincarem. Caio comprou uma casinha de boneca para as meninas.

A partir desse período, Caio estava mais ausente e poucas vezes estava em casa. Enrico ia para os rodeios com o pai, mas, como Enrico estudava, o pai muitas vezes mandava o menino com algum conhecido ou ele mesmo trazia no final do dia de domingo. O que Claudia não sabia era que Caio ficava com outras mulheres na frente de Enrico. Caio fazia chantagens para que o menino não contasse nada, dizia que se Enrico contasse não ia mais para os rodeios. Enrico como foi criado nesse mundo de rodeios, tinha verdadeira paixão por esses eventos e não queria perder nenhum. Claudia, às vezes ia, mas era mais difícil por ter as duas meninas pequenas.

Claudia estava decidida que iria continuar com seus estudos. Caio era contra, mas ela teve o apoio de sua sogra. Para estudar, ela precisaria de um trabalho para poder pagar a faculdade. Caio também era contra, mas era a vez de Claudia se impor e conquistar seu espaço. Fez vestibular para o curso de Pedagogia na PUCPR (Pontifícia Universidade Católica do Paraná) e foi aprovada. Conseguiu emprego em uma adega como atendente, porém precisaria trabalhar aos finais de semana. Sua mãe, não gostando muito, concordou em ajudar a cuidar das crianças nos finais de semana. Com o passar de algum tempo, no entanto, sua mãe a incomodava muito, queixando-se de ter que ficar com seus filhos, dizia que não era obrigada. Claudia, sentindo-se incomodada com aquela situação, ao chegar na casa de sua mãe, não sentia vontade nem de falar com ela, pois recebia xingamentos e a sua mãe a tratava muito mal.

Nos dias de semana, pela manhã e à noite, Claudia contratou uma senhora para cuidar dos filhos. Em seu horário do almoço, que era de apenas 60 minutos, levava seus filhos para a escola e, em seguida retornava ao trabalho. No final da tarde, depois do seu expediente de trabalho, ia buscá-los deixando-os em casa para, então, ir para a faculdade. Muitas vezes, foi vestida com o uniforme do seu trabalho para a faculdade, não tinha tempo para tomar um banho e até mesmo para trocar de roupa. Algumas vezes, no meio da aula, pedia licença aos professores, pois precisaria voltar para casa para atender aos seus filhos em situações de falta de energia, brigas entre os irmãos, situações que ocorriam quando a mulher que Claudia pagava para atender seus filhos não aparecia. Assim se foram quatro anos de uma mulher guerreira, assumindo a educação, a orientação e o amparo afetivo dos filhos. Como Caio era contra seus estudos e seu trabalho, afastou-se ainda mais, deixando Claudia com a responsabilidade perante seus filhos. No último ano de faculdade, Claudia devido ao seu tempo corrido, adoeceu com anemia profunda e precisou ser internada para fazer uma transfusão de sangue. Nem mesmo com esse problema de saúde Caio teve mudanças no seu comportamento: continuava sendo ausente com a família.

Em um final de semana, Caio foi para um rodeio em um município próximo da casa onde Claudia morava com os filhos. Não quis levar Enrico. Na segunda-feira, voltando do rodeio, chegou cedo, foi logo para o quarto, ligou a televisão e foi assistir seus filmes. Claudia, como sempre tinha suas desconfianças, percebeu que ele estava estranho: todo despojado, com camisa aberta e com um semblante bem relaxado. Foi às escondidas até o seu carro, tentando encontrar algo que comprovasse uma traição. Claudia encontrou um comprovante de motel, um dos motéis próximos dali, registrava dia e horário, comprovou que passou a noite com alguém no motel. Entrou no quarto e foi logo dizendo:

— Por isso chegou nesse horário? Passou a noite no motel? Agora não tem como você negar. Estou com o comprovante aqui na minha mão.

Caio, bem tranquilo, respondeu:

— Você está louca! Eu, no motel?

Ele negou. Mas Claudia, começou a gritar:

— Sempre soube de suas traições, só não tinha como provar — disse Claudia com muita raiva.

Ele respondeu:

— Prefiro pegar uma neguinha da rua do que ter alguma coisa com você.

Levantou-se, pegou a chave do carro e saiu. Claudia chorou muito. Várias coisas passaram por sua cabeça: trair seu marido, pedir o divórcio, mas eram reflexões de momento. Lembrava dos filhos ainda pequenos e esses pensamentos logo sumiam de sua cabeça.

Passaram-se dois dias até que Caio apareceu em casa, convidando Claudia e as crianças para passarem o final de semana na chácara de seu amigo Murilo. Claudia, um pouco resistente, acabou aceitando. No sábado, Claudia arrumou as coisas, arrumou as crianças e foram. Caio iria matar um carneiro e um porco para seu amigo. Chegando lá, a esposa do amigo, Fernanda, recebeu muito bem Claudia e os filhos, acomodando a família no quarto de hóspedes. Enrico, muito feliz, adorava lugares assim, com muitos animais: cavalos, bois, ovelhas, galinhas, patos e porcos. As meninas ficavam sempre próximas da mãe, mas também gostavam muito desses lugares. Giovanna, já estava com 7 anos, ficou triste em escutar os gritos do carneiro sendo morto e, a partir desse dia, não comeu mais esse tipo de carne, pois sempre lembrava dos gritos do animal ao morrer. No final desse dia, chegaram na chácara umas quatro moças, amigas dos filhos de Murilo. Claudia cumprimentou as meninas, mas achou estranho a troca de olhares de Caio para com uma delas. Como Claudia vivia na desconfiança, passou a cuidar dos movimentos de Caio. Em certa hora do dia, Caio sumiu. Claudia avistou seus filhos, mas não conseguia saber onde poderia estar seu marido. Uma das moças que estava lá, também não estava por perto. Claudia passou a procurar o marido. Chegou em um galpão, onde ficava a comida dos animais. Um dos filhos de Murilo correu na frente, como se fosse avisar que Claudia se aproximava. Chegando lá, uma das moças saiu pelos fundos do galpão e Caio estava lá dentro, todo desconcertado, como se estivesse fazendo algo de muito errado. Mais uma vez, Claudia não conseguiu dar o flagrante. Caio deu uma desculpa e saiu.

Devido a essa situação, Claudia já queria voltar para casa, pois não se sentia bem. Pediu para que voltassem. Caio que quase tinha sido pego no flagrante e vendo toda aquela situação — pois as moças estavam a volta rindo e zombando de Claudia —, decidiu voltar.

Claudia, como sempre muito desconfiada, vivia parecendo um detetive, querendo descobrir algo. Começou a mexer na pasta, nos papéis de Caio e descobriu um número de telefone, porém sem identificação. Percebeu que esse número deveria ser importante para ele pela forma como estava escrito. Anotou o número para, depois que ele não estivesse em casa, ela ligar. No dia seguinte, fez a ligação para o número de telefone que havia anotado.

— Oi! Quem está falando?

Uma voz feminina atendeu:

— Renata!

— De onde você é? — perguntou Claudia.

— Sou a prima do Rômulo — Renata já sabia que era Claudia quem estava ligando.

Claudia pergunta:

— Filha do seu Murilo? Então você é a sobrinha do seu Murilo?

— Sim — respondeu Renata.

— Por que está me ligando? — perguntou Renata.

— Sou a esposa de Caio, Claudia.

— Sim, eu sei — respondeu Renata.

— Queria saber qual é o seu envolvimento com meu marido.

Renata respondeu sem rodeios:

— Sou namorada de Caio.

Neste momento, Claudia ficou sem palavras e Renata perguntou:

— Qual o problema?

— Por que se envolve com homens casados? Se você não sabe, o Caio é casado — disse Claudia.

— Eu sei, mas não me incomodo — respondeu Renata.

Claudia, furiosa, pediu para que Renata deixasse seu marido e sua família em paz.

Renata respondeu:

— Foi comigo que Caio estava no motel! — e ainda complementou: — Nossa, que delícia que estava!

Claudia, enraivecida, desligou o telefone.

No mesmo momento, Claudia liga para Caio e fala repreendendo, não deixando Caio falar. Mas, como sempre, Caio negou, o que irritou mais ainda Claudia, que acabou desligando o telefone.

Na faculdade, Claudia era uma aluna muito dedicada. Os professores sabiam da história de vida de Claudia e sabiam que batalhava sozinha para cuidar dos filhos e da casa, que trabalhava e estudava, mas contra a vontade do marido, não tinha o apoio dele. Depois de quatro anos do seu curso superior, chegou o grande dia: a apresentação do Trabalho de Conclusão do Curso (TCC). Cristina, sua filha do meio, já com oito anos, fez questão de estar presente nesse momento. Com um frio na barriga e nervosa diante de uma banca de professores, após a apresentação de outras colegas, chegou a vez de Claudia e sua colega apresentaram o trabalho. Ao finalizar, com muita emoção, chorou muito, algumas professoras também choraram com Claudia, pois sabiam que foi uma grande vitória em sua vida. Tiraram a nota máxima no TCC. Com certeza era a mão de Deus lhe proporcionando essa vitória.

Claudia estava mais tranquila com a finalização da faculdade, pois agora teria mais tempo para estar com os filhos. Tinha a esperança de que Caio sentisse vontade de estar com ela e os filhos. Com o tempo, passou a viver de migalhas do amor de Caio. Por ter tido uma educação mais rígida, foi educada para ser a mãe de família e achava que deveria suportar esse comportamento de Caio, principalmente pelos filhos. Era um relacionamento abusivo, ele não deixava Claudia se vestir como ela queria, a controlava. Manipulava emocionalmente, fazendo com que Claudia sentisse que ela era a vilã. Claudia sentia-se inferior às demais pessoas, fazia de tudo para agradá-lo, mas Caio nunca estava satisfeito com Claudia, sempre fazia muitas críticas. Fazia ameaças e muitas vezes agia com agressividade, tapas e puxões de cabelo, principalmente quando Claudia, reagisse a determinadas situações que envolviam as mulheres com as quais se relacionava. Por viver essa vida de libertinagem com mulheres, estava sempre acusando Claudia de situações erradas, era sua maneira de defesa. No início do relacionamento, Caio assumia o controle do relacionamento de uma maneira sutil, mas ao longo do tempo, por meio do poder da sugestão persuasiva, se tornou cada vez mais controlador, manipulador, agressivo e abusivo.

Em um final de semana, Caio fez um torneio de laço na cabanha. Claudia, sabendo da festa, resolveu aparecer de surpresa. Quando desceu do carro, com as meninas, escutou no som, o narrador primo de Caio, anunciando o noivado de Caio com uma moça mais nova, Elaine, teria até festa em comemoração. Claudia, sem saber o que estava acontecendo, ficou muito irada com a situação, quando entrou no galpão avistou a mãe e o pai da moça e começou a gritar com Caio:

— Nossa, que lindo que você é, eles sabem que você é casado? Aqui no Brasil, bigamia é crime! — gritava Claudia enquanto procurava por Elaine.

— Onde você está? Está fugindo? Apareça, se você realmente for corajosa! — Elaine saiu pelos fundos, correu para o carro e foi embora. Claudia mais uma vez, envergonhada por ter que suportar toda essa situação, começou a chorar e pensava consigo mesma: "Até quando terei que suportar tudo isso?".

Como Caio era um homem de muitas mulheres e, sempre que podia, frequentava a "zona" — como assim chamavam a casa das mulheres prostitutas — abriu uma casa dessas. Proprietário de uma "zona". Para seus amigos, dizia que comia o estoque, porque precisava experimentar todas, para poder apresentar mulheres boas e gostosas para os clientes. Claudia, sentia muita vergonha por toda essa situação. Caio, já não estava em casa à noite, as vezes aparecia de dia, perto do almoço, exigindo que Claudia fizesse comida para ele. Claudia não suportava mais essa situação. Precisava de dinheiro para fazer compras no mercado, para prover as necessidades dos filhos e Caio sempre se recusava, dizia que não tinha. Em uma certa noite, depois de descobrir o endereço dessa casa, pegou o carro suas duas filhas e foi até lá. Claudia já tinha pensado como iria agir. Pensou em descer com as meninas, entrar na casa, para que Caio visse suas filhas dentro daquele lugar. Porém ao chegar lá, Caio estava pelo lado de fora, recebendo os homens "seus amigos". Ao avistar Claudia, muito nervoso, irado começou a gritar:

— O que está fazendo aqui?

— Você está louca?

— Suma daqui antes que eu te quebre de pancadas.

Claudia respondeu:

— Não vou embora, inclusive trouxe suas filhas para que elas saibam o que você faz. Vou descer com elas e quero ver quem vai me proibir. Estou precisando de dinheiro para comprar coisas para elas.

Rapidamente, Caio tirou a carteira, pegou todo o dinheiro de dentro e entregou a Claudia. Ela pegou o dinheiro e foi embora, pensando que seria melhor não expor suas filhas naquele lugar.

O retorno

Caio construiu uma casa ao lado da cabanha, em um terreno próximo. Era uma casa simples, mas grande com três quartos, sendo um com suíte, uma sala, cozinha, bem espaçosos.

Nos finais de semana e nas férias, Caio levava Enrico para sua casa. Já as meninas, Cristina e Giovanna, não iam sozinhas, pois ele não fazia questão; dizia que eram mulheres e que ele não tinha jeito para cuidar delas. Chegavam os finais de semana, e, quando Caio não ia para os rodeios, pegava as meninas e levava para a casa do pai. Caio se aproveitava de Claudia para que ela limpasse a casa para ele. A esposa, querendo agradar, para ver se essa situação melhorava, limpava e dava o melhor de si. Mas o que ela não percebia era que nada do que fizesse poderia fazer com que Caio sentisse algum sentimento por ela. Muitas vezes, nos finais de semana, como Claudia tinha o seu carro, ia com os filhos para a casa de sua sogra. Nina tinha adoração pelos netos: sempre os mimava e fazia questão de fazer todos os gostos deles. Tinha uma atenção especial por Enrico, por ter sido o primeiro neto. Seu relacionamento com a sua sogra tinha melhorado, por estarem morando longe uma da outra. Nina não mais se intrometia na educação dos netos, até dava palpites, mas Claudia tinha aprendido, escutava e fazia como ela queria.

Em um desses finais de semana, Nina e a tia Sueli aconselharam Claudia a fazer o concurso da Rede Municipal de Educação. Pensando que realmente poderia ser um bom trabalho, pois, em tempos de férias escolares, estaria com os seus filhos, Claudia se propôs a estudar para participar do concurso. Ela prestou o concurso e passou.

Por ser manipulador, Caio convenceu Claudia a vender novamente a casa onde moravam, pois estava precisando de dinheiro. Claudia, por sua vez, pensou que seria melhor estarem próximos por conta dos filhos. Por se sentir sozinha — pois não trabalhava mais na adega, tinha pedido demissão porque começaria a trabalhar na profissão de professora pelo município —, passava os finais de semana com os filhos, não tendo para onde ir, porque sua mãe não fazia questão de estar junto. Por isso, sentindo-se muito só, acabou aceitando vender a casa. Propôs para que morassem juntos em sua casa próxima da cabanha. Claudia pensou que era o certo estarem todos juntos, pois acreditava que eram uma família. No entanto, o pensamento do marido não era para ter a família próxima e sim porque estava precisando de dinheiro. Claudia, iludida, não conseguia enxergar a verdade.

A mudança aconteceu no final do ano. Claudia fez as transferências da escola dos filhos para um colégio particular no município vizinho, e precisou dos serviços de um transporte escolar para levá-los. Como sempre, o colégio e o transporte escolar eram pagos pela sogra e pela tia. Com a venda da casa, Caio construiu um galpão de alvenaria em estilo rústico. Tinha a ideia de alugar para ter um rendimento todo mês, porém esse aluguel seria apenas para ele, como sempre, não comunicava nem dividia nada com Claudia.

No ano seguinte, os professores que passaram no concurso foram chamados, e Claudia foi uma das contempladas. Fez as provas de títulos e prática e foi aprovada. Seria uma das professoras que começaria naquele ano. Para Claudia, foi um ano difícil, pois a escola em que foi lotada era muito longe. Esse era o procedimento da época: mandavam nas escolas mais longe, por conta da falta de professores. Claudia foi persistente, pois o cansaço dela neste ano foi pelo trânsito, tanto para ir quanto para voltar. Ao final do ano letivo, pediu remoção para uma escola mais próxima do município onde morava. Agora, Claudia tinha seu salário, não era muito, mas conseguia manter seus filhos com poucas coisas, sua sogra e a tia de Caio ajudavam com roupas e alimentação para seus filhos.

As crianças cresceram, Enrico já estava com 15 anos, Cristina com 10 anos e Giovanna com 4 anos. Mais uma vez, veio o arrependimento. Com Claudia morando debaixo do mesmo teto que seu marido, a convivência ficou insuportável. Caio a agredia, com tapas, empurrões e puxões de cabelo. Em uma dessas vezes, seu filho Enrico, não suportando ver sua mãe apanhando gritou para o pai:

— Quer bater? Bata em um homem!

No mesmo momento Caio pegou uma televisão pequena e jogou nas costas do filho, machucando-o. Claudia correu para defender seu filho, Enrico começou a chorar.

Em uma das vezes que Claudia foi agredida, por não suportar mais essa situação, foi até uma delegacia para fazer um boletim de ocorrência, o policial que a atendeu na delegacia do município, falou que ela precisava ir à delegacia da mulher, no município de Curitiba. Chegando lá, registraram o boletim de ocorrência de violência doméstica contra Caio, mas avisaram que apenas ficaria registrado, por não ser no mesmo município.

Apenas 5% das cidades do Paraná estão cobertas com uma Delegacia da Mulher. A estrutura da instituição reflete o problema existente em todo o sistema de justiça criminal. Nos casos de violência contra a mulher, não há uma preparação, treinamento ou dedicação. Não sabem lidar com a complexidade que envolve um caso de violência de gênero, não vão entender o que é uma mulher em situação de violência. Precisa acontecer, com urgência, uma mudança no sistema e na atuação em casos de violência de gênero por profissionais habilitados, motivados para ampliar o atendimento de mulheres vítimas de violência doméstica. Apesar de sancionada a Lei Maria da Penha, que foi um grande avanço na proteção de mulheres vítimas de violência, alterando o Código Penal brasileiro, fazendo com que os agressores pudessem ser presos em flagrante, o governo precisa ter um olhar e uma política destinada a eliminar a discriminação contra a mulher. É preciso um maior comprometimento em consagrar o princípio da igualdade entre homem e mulher, assegurando, por lei, a proteção efetiva da mulher, que deve ser livre de qualquer tipo de violência.

Claudia, muito revoltada, voltou para casa sem ter qualquer defesa a seu favor.

Após a vinda de Claudia e seus filho à casa de Caio, já sem forças para tentar apaziguar as situações, fechou-se em silêncio: não argumentava, não respondia as provocações do marido, e já não tinha mais aquela grande esperança que tudo um dia iria mudar.

A construção do galpão finalizou. Caio colocava em prática seu desejo de tentar alugar o local para ter um rendimento a mais.

Enrico, seu filho mais velho, já com 17 anos, envolveu-se com uma moça mais velha, e começaram a namorar. Como era muito imaturo, acabou engravidando Marcia. Claudia ficou desesperada pela situação. Preocupou-se pensando em como faria para cuidar de um filho adolescente que tinha uma vida pela frente e que agora seria pai. Caio, irritado com a situação, acusou Claudia pelo ocorrido. Como sempre, ela era a culpada de todas as situações que aconteciam.

Marcia morava com seus pais, mas, aos finais de semana, estava sempre na casa de Claudia, que já se sentia avó. Claudia tinha um bom relacionamento com a nora, assim como Cristina e Giovanna, que também tinham um bom relacionamento com Marcia. Os meses se passaram, e chegou o dia do nascimento de seu neto. Claudia disse para Enrico:

— Vamos! Seu filho vai nascer. Marcia já foi para o hospital.

Enrico, por ser muito novo, tentou recusar-se, mas a mãe não deu opção de escolha. Entraram no carro e foram para o hospital. Chegando lá, Eduardo tinha acabado de nascer: um menino lindo, de olhos bem azuis, um príncipe, uma criança maravilhosa, que trouxe amor para a família. Claudia logo se lembrou do nascimento de Enrico, como eram parecidos... Eduardo era igualzinho ao seu pai. Marcia precisou passar uma noite no hospital, e Enrico ficou com ela. No dia seguinte, o pai de Marcia foi buscá-la e Enrico retornou para casa. Claudia conversando com o filho, conscientizou-o de que precisaria estar junto com Marcia e seu filho. Enrico pediu para seu pai se podia morar no galpão ao lado. Caio, como ainda não havia alugado o espaço, deixou que eles morassem ali.

Passaram-se três anos. Marcia começou a ficar estranha: não queria estar com a família de Enrico e, inclusive, ficou distante dele. Muitas brigas entre os dois. Até que, certo dia, decidiu voltar para a casa de seus pais, levando consigo Eduardo. Enrico sem saber o que estava acontecendo e tentando salvar seu relacionamento, comprou duas alianças e pediu para sua mãe, que o levasse na casa de Marcia. Claudia prontamente o levou. Enrico pediu para que sua mãe o aguardasse no carro, muito tímido, sem jeito, entrou na casa de Marcia, conversaram. Enrico a pediu em casamento. Marcia sem saber o que responder, falou que iria pensar. Ao voltar para o carro Enrico contou o que aconteceu, mas como Claudia era uma mulher com uma certa experiência, percebeu que algo estava errado, mas ficou quieta. No final daquela semana, Claudia, Giovanna, Cristina e uma amiga combinaram de ir ao shopping assistir um filme, era a estreia do filme "O Motoqueiro Fantasma". Ao chegarem no shopping, decidiram primeiro fazer um lanche. A caminho da praça de alimentação, Claudia — por estar de salto e ser mais alta — avistou que Marcia vinha em sua direção e das meninas. Ficou perplexa ao ver a cena e logo falou para suas filhas:

— Vocês não sabem o que estou vendo!

As meninas curiosas, perguntaram:

— O que é mãe?

Claudia respondeu:

— Vocês já irão ver.

Marcia com seu novo namorado, abraçada e aos beijos, parou, muito sem jeito e com as bochechas vermelhas, e disse:

— Oi!

Claudia tentando não deixar transparecer, agindo naturalmente respondeu:

— Oi, tudo bem?

Marcia respondeu que sim e seguiu com seu namorado. O rapaz que estava com ela era um grande amigo de Enrico, laçavam juntos. Inclusive, frequentava a cabanha, treinavam laço juntos. A coincidência foi tanta, que estavam todos na mesma sala de cinema, assistindo o mesmo filme.

Ao chegarem em casa, Claudia foi apressadamente ao encontro de Enrico para contar tudo o que havia visto. Nesse momento, Enrico deixou transparecer a decepção e a tristeza por tudo o que havia escutado, suas lágrimas rolaram em seu rosto. Marcia, passados alguns meses, casou-se com o rapaz. Enrico, tentando superar, passou a sair nas noites com os amigos. Claudia iniciou uma caminhada de preocupações com seu filho. Enrico chegava em casa ao amanhecer. Claudia não conseguia dormir, preocupada com seu filho. Onde estava, o que estava fazendo, passava as noites em claro.

Claudia era proibida de ver seu neto. Marcia não deixava ninguém da família de Enrico se aproximar de Eduardo. No aniversário de Eduardo, quando estava completando seus 5 aninhos, Claudia conseguiu contato com o marido de Marcia e pediu para ver seu neto, ele concordou e, inclusive, mandou o endereço. Claudia, Cristina, Giovanna e Enrico com sua nova namorada, foram até a residência de Marcia para comemorar o aniversário de Eduardo. Marcia os recebeu com resistência, percebia-se que ela não estava à vontade, mas puderam estar com Eduardo, pois a saudade era grande. A partir desse dia, por uns seis anos, Claudia não participava mais da vida de seu neto: Marcia proibiu a aproximação, inclusive do pai, Enrico. Nesse tempo, Marcia se separou e voltou para a casa dos seus pais.

Caio finalmente conseguiu fazer a locação do espaço, alugou para uma senhora que faria eventos, mas o valor recebido seria apenas para Caio, pois ele não ajudava Claudia financeiramente.

O relacionamento de pai e filho estava cada vez mais conturbado, Caio e Enrico já não conseguiam se entender: a convivência se transformou em uma espécie de competição, já que que ambos atuavam no mesmo ramo, com pensões, vendas de cavalos e torneios de laço.

Quando acabou a esperança

Em um final de tarde, começo da noite, Caio tomou banho, arrumou-se, perfumou-se, e se exibiu de forma arrogante. O convívio com sua esposa estava insuportável, apenas moravam debaixo do mesmo teto. Claudia já não sentia mais nada por ele, apenas sentimentos de pena, compaixão e uma certa indiferença, devido aos maus tratos que sofria pelo marido.

Quando Caio estava saindo, Claudia falou:

— Lembre-se de que na Bíblia Sagrada tem uma passagem em que a voz de Deus diz: *Saulo, Saulo, por que me persegues?* (*Atos* 9:5). Pense que toda essa perseguição que você tem comigo pode ter consequências, você pode sair e não voltar mais.

Caio deu uma risadinha e saiu. Claudia colocou seus filhos para dormir, arrumou sua cama, pronta para deitar, porque já estava muito tarde. De repente, tocou o telefone, era o vizinho, que apavorado falou:

— O Caio foi atirado!

Claudia sem entender o que ele estava falando, perguntou:

— Como?

O vizinho respondeu:

— Caio levou um tiro!

Claudia, desesperada, perguntou:

— Aonde foi isso?

— Em frente à igreja aqui no bairro — respondeu o vizinho.

Claudia pediu que Jhon, o vizinho, fosse com ela. Ela e Enrico entraram no carro rapidamente e foram para o lado de fora do portão, aguardando Jhon. Assim que ele chegou, Claudia arrancou apressadamente. Ao chegarem próximo de onde estava Caio, havia muitos carros da Polícia Militar. Eles haviam isolado a área, Caio estava dentro do carro, todo ensanguentado. Claudia correu em sua direção, mas os policiais não a deixaram se aproximar. Caio, ainda lúcido, falou:

— Foi você quem mandou fazer isso comigo!

Claudia, apavorada, respondeu:

— Eu não!

Chegou à ambulância, removeram Caio e avisaram que ele iria para o Hospital das Clínicas. Claudia voltou para casa, deixou as crianças com a Vó Glória, sua vizinha. Jhon levou Claudia para o hospital. Ao chegarem na recepção, Claudia informou os dados do marido para preenchimento da ficha hospitalar. Caio foi levado às pressas para o centro cirúrgico. Enquanto isso, encaminharam Claudia para uma sala de espera.

Após cinco horas de espera, nenhuma notícia havia chegado. Claudia, cansada, tentou coletar informações com uma enfermeira que passou por ali. Ela informou que Caio ainda continuava no centro cirúrgico. Com sono e frio, Claudia olhou pela janela e viu o dia clarear. Quando amanheceu, Claudia ligou para sua mãe, contando o que tinha acontecido. Apesar de não entender a situação, não compreendia por que Caio havia sido baleado. Já eram 7h da manhã quando a enfermeira-chefe se aproximou de Claudia e perguntou:

— Você gostaria de ver seu marido?

Claudia prontamente respondeu:

— Com certeza!

Precisava entender o que estava acontecendo. Claudia entrou no centro cirúrgico e precisou colocar máscara, luvas e proteção para os pés. Ao olhar para Caio, pensou consigo: "*Nossa, um homem desse tamanho entregue, em completa dependência de outras pessoas; alguém que se dizia o intocável, arrogante, que tinha o corpo fechado, que nada poderia lhe atingir*". Naquele momento, não sentiu vontade de orar por Caio, nem sequer balbuciar alguma palavra, pedindo a Deus por ele. Mas tinha a convicção que ele mudaria o seu comportamento, repensaria tudo o que fez e, certamente, melhoraria.

Passados dois dias, enquanto Caio ainda estava na UTI, o médico pediu para falar com Claudia.

— Preciso saber qual a sua decisão, precisamos fazer uma cirurgia em seu marido para romper o fluxo sanguíneo no braço direito, impossibilitando, assim, o movimento desse braço. Seria isso, ou a morte de Caio.

Claudia, com certeza, optou pela cirurgia e teve que preencher e assinar um termo de responsabilidade.

Claudia saiu do hospital. Sua vizinha já a aguardava para levá-la para casa. Ao chegar em casa, cansada e exausta, tentou dormir um pouco. A vozinha, que tinha ficado com suas filhas, foi até lá para saber como estava a situação de Caio. Claudia explicou que ele estava instável e que ficaria na UTI por alguns dias. Pensou que seria melhor pedir afastamento do seu trabalho por um tempo. Tinha o pensamento de que, se um dia acontecesse consigo, gostaria de ter alguém que olhasse por ela, que estivesse ao seu lado.

Começou a caminhada de Claudia para prestar assistência ao seu marido. Todos os dias, Claudia ia ao hospital. Mesmo tendo horário para visitas na UTI, Claudia estava lá. Quando algum parente de Caio queria visitá-lo, Claudia deixava que entrasse para vê-lo. Os enfermeiros conversavam com Claudia, explicando que seu quadro, que era instável, não tinha perigo de óbito. Caio estava com uma traqueostomia, para facilitar a entrada de ar em seus pulmões.

Com o passar dos dias, Claudia fez amizade com os enfermeiros, que lhe informavam sobre a situação de seu marido. Uma das enfermeiras até citou uma frase: "Aqui, todos matamos um leão por dia", ou seja, um dia de cada vez. No vigésimo dia, Caio acordou, mas, devido à traqueostomia não conseguia falar. Ao entrar na UTI, Claudia chegou perto da cama em que ele estava. Quando se aproximou, percebeu, no semblante do marido, um ar de reprovação, como se estivesse acusando Claudia pelo que tinha acontecido. Claudia falou:

— Como você está? Estive aqui todos os dias, para saber de você!

Caio olhou para Claudia com muito ódio nos olhos. Ela começou a contar o que tinha acontecido, o que sabia. Mas Caio, fazendo sinais com os olhos, demonstrava que não queria a presença da esposa ali.

Como Caio sempre alugava sua tropa de aporreados (cavalos chucros) para se apresentarem nos rodeios, o patrão de um dos CTGs ligou para Claudia, solicitando a tropa para o próximo final de semana no rodeio. Claudia pediu para seu filho ajudá-la, pois precisaria levar os cavalos e atender os animais durante o rodeio. Claudia esteve no evento para acompanhar de perto e verificar se tudo daria certo com os aporreados. Recebeu o dinheiro, que a ajudou a manter o pagamento das contas, a compra de mercado, enfim os gastos do momento.

No dia seguinte, Claudia chegou ao hospital, como fazia todos os dias, para ver Caio. Por estar com um tubo respiratório, Caio não conseguia falar com ela. Claudia levou um caderno e uma caneta, mas, por estar com o braço direito sem movimentos, ele não conseguia escrever. Com a mão esquerda, escreveu algumas letras, Claudia tentava entender o que Caio queria falar, mas, muitas vezes, se irritava por não conseguir compreendê-lo. Caio ainda achava que Claudia tinha alguma coisa a ver com o que havia acontecido com ele. A vida de Claudia sempre foi assim: tudo o que acontecia de ruim, a culpa era dela. Ele não mais enxergava sua esposa como uma pessoa que ajudava, mas, sim, tudo o que acontecia de ruim ela tinha participação. Claudia orou por aquela situação, não queria que Caio pensasse isso dela, pois estava pronta para ajudá-lo. Colocou tudo nas mãos de Deus.

Passaram-se sete dias. Os enfermeiros tiraram a traqueostomia, mas Caio ainda tinha dificuldades para se expressar. Ele ficou quarenta dias na UTI e, depois, foi levado para o quarto, em que permaneceu por mais vinte dias. Devido à dificuldade em movimentar o braço direito, não conseguia comer sozinho. Claudia passou a ir ao hospital próximo do horário do almoço para que Caio pudesse se alimentar melhor. Nesses dias em que estava no quarto, Caio tinha melhorado seu comportamento com Claudia, pois sabia que precisava e iria precisar muito dela. Nessas horas, é a esposa que sempre está por perto ajudando, enquanto os que se diziam amigos, a mulherada que sempre esteve presente em sua vida, muitas vezes em primeiro lugar, sumiram. Foram longos sessenta dias de hospital, e Claudia todos os dias esteve presente.

O médico deu alta a Caio, e Claudia foi buscá-lo. Em casa, cuidou muito bem do seu marido, que recebeu algumas visitas. O primo de Caio, sabendo de como ele vivia com Claudia e de tudo o que ele fizera para ela, disse:

— Eu nunca vi uma mulher cuidar tão bem de seu marido como você. Sabendo de tudo o que ele sempre fez para você. Como ele te fez sofrer!

Claudia respondeu:

— Fiz tudo isso porque penso que, se um dia acontecer algo comigo, gostaria que fizessem o melhor para mim também.

Passaram-se os dias, e Caio cada dia mais se recuperava do atentado. Sua tia e sua mãe não estiveram no hospital, mas, assim que ele chegou em casa, foram visitá-lo. A tia, preocupada com toda aquela situação, ofereceu ajuda financeira, ao menos nos primeiros dias, para que conseguissem manter as contas em dia. Claudia, após esses dias de afastamento, retornou às suas atividades. As crianças iam para a escola de condução, e Caio ficava em casa, recuperando-se. Diante de toda essa situação, Claudia, em suas orações, clamava a Deus, e dizia:

— Espero, Senhor, que com toda essa dificuldade, com Caio ficando entre a vida e a morte, ele seja diferente, seja mais amoroso...

No entanto, ao mesmo tempo pensava: "*Se continuar igual, daí chega, não vou sofrer mais, não quero mais esse relacionamento*". Com o passar dos dias, Caio, mais recuperado, começou novamente a ser aquele homem ruim. A esperança de Claudia de ver um novo homem, um marido carinhoso, já não existia mais.

Em um dia já recuperado — apenas sem o movimento do braço direito —, Caio se irritou com Claudia e tentou bater nela novamente. Com o braço esquerdo, ergueu-a pelo pescoço. Claudia, com muita raiva, pensou: "*Desta vez não!*". Passou a mão, pegou uma vassoura e, com o cabo, deu nas costas de Caio — mas deu com muito gosto. Ele a largou no mesmo momento. Depois dessa atitude, nunca mais encostou em Claudia. Ela pensou consigo: "*Porque não fiz isso antes?!*". Logo após esse episódio, Caio achou melhor sair de casa e foi morar em um quarto nos fundos da cabanha. Claudia percebeu que, realmente, o relacionamento tinha acabado, sem mais nenhuma esperança de que ele fosse melhorar. Aceitou com tranquilidade a decisão de Caio.

A partir desse momento, as contas da casa e o cuidado com os filhos ficaram oficialmente por conta de Claudia. Sempre foi ela quem cuidou dos filhos, já que Caio pouco contribuiu na formação e na educação deles e, naquele momento, havia escolhido um distanciamento na convivência familiar. Caio morou por alguns meses na cabanha. Atrás do galpão, construiu uma dependência com três peças: um banheiro, um quarto e uma cozinha/sala. Passou a viver sua vida sem se incomodar com os filhos, não queria ter responsabilidades com a família, na verdade nunca quis ter. O que separava a casa onde Claudia morava com os filhos da casa de Caio era apenas um portão, que dava acesso direto ao novo lar dele.

Caio tornou-se dependente do álcool. Apesar de toda essa situação, Claudia sentia que precisava cuidar dele, mesmo estando separados por alguns metros de distância.

Claudia tinha algumas amigas com quem se encontrava em suas casas para jogar baralho. Gostavam de jogar caxeta, apenas para passar o tempo, geralmente nos finais de semana. Quando Claudia chegava em casa, sempre com suas filhas, Giovanna e Cristina, passava pelo portãozinho que dava acesso à casa de Caio, para verificar se estava tudo bem com ele. Algumas vezes, encontrou Caio caído, bêbado. Claudia pegava-o pelo braço para que se apoiasse para levantar e colocava-o em sua cama, fechando a porta da sua casa. No dia seguinte, Caio não lembrava de nada e novamente ia aos bares beber.

A inquilina que havia alugado o galpão para eventos vendeu o ponto para o Sr. Francisco, que inaugurou no local um restaurante de comidas caseiras. Todo o valor do aluguel era direcionado para Caio, que também recebia do seu tio, que era médico, ele tinha a carteira assinada, mas era apenas um funcionário fictício. O seu tio estava com sentimento de compaixão por Caio, de como vivia

— bebendo todos os dias —, propôs para ele um salário mínimo em troca de que parasse com a bebida. Porém, não resolveu: Caio prometia, mas continuava dependente da bebida.

Apesar de tudo o que Caio havia passado, continuava tratando mal a sua esposa. Não a agredia mais fisicamente, mas ainda abusava psicologicamente com insultos, ameaças e humilhações. Caio usava da carência para manter Claudia responsável por cuidar dele, criando obstáculos para que ela não tivesse uma vida independente. Afetava negativamente sua autoestima, querendo controlá-la em seus passeios e querendo isolá-la das amigas.

Os anos se passaram, Cristina, já com 16 anos, começou a namorar um conhecido de Caio, com o mesmo perfil dele: boêmio, homem da noite e quase trinta anos mais velho. Eram companheiros de festas. Caio, muito bravo com a situação, acusou Claudia de ser negligente, de estar aceitando essa situação. Renato, como queria conquistar mais ainda Cristina, chamou Caio em seu escritório e pediu a mão de Cristina em namoro. Marcou o noivado com uma grande festa. A intenção de Renato era não se indispor com Caio, queria seguir os costumes das famílias tradicionais. No início do relacionamento, Claudia tentou mostrar para Cristina que Renato não era homem certo para ela, mas a filha não quis escutar. Renato sabia conquistar uma mulher, e Cristina estava encantada por ele. Sete anos se passaram, Cristina estava mais experiente e fazia sua faculdade de Engenharia.

O sonho de Cristina era casar-se e ter filhos. Mas ele não queria saber de constituir uma família, muito menos de se casar. A verdade era que Renato quis se aproveitar da sua ingenuidade e jovialidade. Apresentava Cristina para a sociedade para mostrar que tinha uma noiva mais nova e bonita. Era como se fosse um troféu para ele, um bibelô. Para Cristina, menina nova, de família, realmente achava que seria dona de casa e teria seus filhos. Por isso se encantou por Renato: por oferecer segurança, pela falta da figura paterna em sua vida e também por ele fazer tudo o que Cristina queria. Muitas vezes, comprava roupas e sapatos para ela, pois fazia questão de mostrar para as pessoas que, além de bonita, Cristina vestia-se muito bem. Renato era um homem machista e controlador. Nunca usou de violência física com Cristina, ela nunca permitiu, mas usava de abuso psicológico. Inventava situações para que ela entrasse em conflitos com sua mãe e irmã.

A vida de Claudia era trabalhar, atender a sua casa e, nos finais de semana, frequentava as casas das amigas de carteado, em momentos de descontração e muitas risadas. Por estar sozinha, pensava que um dia encontraria um grande amor. Muitos pretendentes apareceram, mas ela sabia que existia Caio, e por mais que ele não tivesse ou quisesse algo com Claudia, ela sabia que ele seria um empecilho em sua vida. Caio se achava dono de Claudia e não queria que ninguém se aproximasse de sua ex-mulher. Muitas vezes, sozinha em casa, Claudia clamava a Deus e pedia:

— Deus! Meu Deus! Olha por mim! Me ajuda! O Senhor me vê aqui? Eu já sofri demais! Tem de Piedade de mim!

Claudia não se sentia digna de pedir a Deus para que levasse Caio. Quem era ela para pedir algo assim? Sabia que Deus era nosso pai e que Ele sabia de todas as coisas. Mas, se não fosse da vontade d'Ele, que então a levasse, pois não queria continuar a viver essa situação. Queria poder ter uma vida digna, sem se sentir como propriedade de Caio.

Numa noite, quando Claudia retornava para casa, ele, bêbado, agarrou-a com força, puxando-a pelos cabelos, jogou-a na cama e a violentou. Claudia tentou se libertar, dando empurrões e socos, mas Caio estava muito pesado, e Claudia não tinha forças suficientes para detê-lo. Após o ocorrido, Caio levantou-se, satisfeito, ergueu as calças, cheirando muito a álcool. Claudia sentia um grande pavor e nojo por ele. Chorou muito, sentia uma tristeza profunda, angústia e muito medo dele.

Pedido de desculpas

Passados alguns meses, Caio passou o portão, abriu a porta da cozinha da casa em que residiam Claudia e suas filhas, entrou, sentou-se e pediu para conversar com Claudia. Naquele momento, apenas Claudia e Cristina estavam em casa. Claudia ficou um pouco assustada — sentia medo, raiva, uma mistura de emoções. Cristina estava em seu quarto, com a porta aberta, escutando e cuidando para que nada acontecesse com a mãe. Caio sentou no banquinho e começou a pedir desculpas por tudo o que tinha feito para Claudia. Levantou-se e foi em direção a ela. Nesse momento, Cristina saiu de seu quarto e Claudia, respondeu:

— Claro que te desculpo, mas fique aí. Não quero você perto de mim.

Cristina achou que Caio segurava uma faca, mas ele queria apenas abraçar Claudia. Ela se afastou, não querendo contato com ele. Caio saiu cabisbaixo, sem palavras. Com certeza Claudia o perdoou, apenas estava com receio e medo por tudo o que tinha passado.

Enrico estava morando junto com a nova namorada em uma chácara próxima dali. Paula era uma moça de Santa Catarina, de família bem estruturada. Seus pais construíram a casa para eles morarem nessa chácara e também construíram uma cancha de laço, pois era disso que vinham seus rendimentos, fazendo torneios de laço. Passaram-se alguns anos, Paula saiu de casa e voltou para a casa de seus pais, não estavam se entendendo mais. Levou consigo quase todos os móveis de casa, deixando apenas uma cama e um sofá. Enrico, sozinho mais uma vez, passava as noites em baladas, com mulheres e muita bebida. Claudia sabia que precisava ajudar seu filho: lavava suas roupas e sua irmã mais nova limpava a casa dele. Claudia se preocupava muito com Enrico.

Alguns meses se passaram e Paula voltou para casa grávida. Enrico reatou com ela e decidiu assumir a criança como sendo sua. Ao nascer, Enrico registra a menina como sua filha. Uma menina linda, Alice, uma princesinha que veio encher os corações da família de muito amor. Claudia não podia ter contato com Eduardo, filho de Enrico do seu primeiro relacionamento, por conta da proibição da mãe do menino. Alice chegou para suprir essa falta.

No mês de maio, no final de semana que seria a comemoração do Dia das Mães, numa sexta-feira bem cedinho, quando estava clareando o dia, Caio ligou para Claudia gritando ao telefone:

— Estou com a perna sem poder mexer!

Claudia responde:

— Você quer que eu te leve para o hospital?

Ainda gritando, disse:

— Sua vagabunda, venha me atender!

Claudia se levantou da cama e começou a se arrumar. Com muita pressa, correu para a casa ao lado para ver se poderia ajudar Caio, porém ele não estava mais em casa. Claudia entrou em seu carro e foi até a cabanha para ver o que estava acontecendo. Chegando lá, Caio estava dentro do seu carro com seu empregado e gritou:

— Estou indo para o Hospital.

Claudia perguntou se queria que o levasse, mas Caio muito furioso, respondeu que não precisava. De seu carro, Claudia gritou:

— Depois eu te ligo para saber como você está...

Preocupada em chegar no horário no seu trabalho, Claudia saiu às pressas. Já em seu trabalho na escola, Claudia ligou para Enrico e pediu para que ele fosse ao hospital ver como estava seu pai. Enrico e Caio estavam brigados e Claudia achou que ele se recusaria a ir, mas foi sem reclamar. Passada uma hora, Enrico ligou para sua mãe e disse que andou pelo hospital todo a procura do pai, mas não o encontrou, nem havia profissionais da saúde que soubessem onde Caio estava. Claudia se preocupou e pediu para que Enrico fosse novamente para lá, para ver o que estava acontecendo.

Enrico retornou a ligação dizendo que encontrou o pai. Falou com uma enfermeira sobre seu estado de saúde e ela disse que Caio estava bem, não era nada grave. Claudia havia tentado ligar várias vezes para o celular de Caio, mas não finalizava a ligação. Mais tranquila, continuou seu trabalho. No final do dia, ao voltar para casa, sua nora, sua neta e sua filha mais nova, Giovanna, estavam esperando-a.

No começo da noite, Claudia tentou mais informações ligando para o hospital. A telefonista falou que não daria informações por telefone, que Claudia precisaria ir até o hospital no horário de visitas para obter mais informações sobre o paciente. Claudia, apesar de não gostar do que havia escutado, acabou por aceitar e pensou: "Amanhã, bem cedo, irei ao hospital para ver o que está acontecendo".

No dia seguinte, Claudia levantou cedo, fez café, e falou para sua filha e nora que iria se trocar para ir ao hospital. Nesse momento, o inquilino do restaurante, o Sr. Francisco, chamou por ela. Claudia foi ao seu encontro, e ele lhe falou que o hospital havia ligado, solicitando a presença da família, que parecia que o caso era grave. Prontamente, Claudia agradeceu pela informação e foi logo acabar de se arrumar para saber sobre o que se tratava. Antes de sair, pediu à Paula para que ligasse para Enrico, para que fosse com ela, pensou que se sentiria mais segura estando com um dos seus filhos — e por ele ser o filho mais velho. No caminho, enquanto conversavam, Claudia foi dizendo que achava que era grave, que poderia ser que ele precisasse de alguma autorização para uma possível cirurgia.

Chegando ao hospital, encaminharam Claudia e Enrico para uma sala, ambos se sentaram aguardando informações. Logo apareceu uma enfermeira que os conduziu para uma outra sala e, mais uma vez, os conduziram para uma terceira sala. Nessa última, uma médica se aproximou e disse:

— Não era eu quem estava de plantão na noite anterior, mas o Sr. Caio veio a óbito.

Assustada com a notícia, Claudia perguntou três vezes, sem entender o que estava acontecendo. Ela começou a tremer e as enfermeiras foram buscar um copo com água, enquanto Enrico encostava sua cabeça na parede e chorava. Claudia ainda demorou alguns minutos até entender o que estaria acontecendo. Claudia pensou que deveria tomar as providências pela situação. Em um primeiro momento, decidiu ligar para as filhas para dar a triste notícia. Giovanna, ao receber aquela notícia, começou a gritar; Cristina ficou muda ao telefone, estava trabalhando neste dia. Claudia logo pensou que precisava avisar a família de Caio. Ligou para um dos seus irmãos gêmeos, Otávio, que, ao receber a notícia, ficou sem palavras também. Claudia avisou que iria acionar seu seguro de vida familiar para os preparativos do funeral, mas Otávio se prontificou a pagar todas as despesas, disse que ela não precisaria se preocupar. Mais tranquila com a decisão de Otávio, desligou o telefone.

Nesse momento, Cristina e Renato chegaram no hospital, assim como Giovanna e sua nora, Paula. Todos precisavam aguardar a liberação do corpo. Claudia decidiu que o velório seria na capela próxima de sua casa, pois ali estavam muitos amigos de Caio.

O velório se estendeu durante toda a noite. Enrico por estar se sentindo culpado pelo distanciamento entre os dois, não saiu de perto do caixão. Já Claudia conseguiu fazer com que Cristina e Giovanna fossem para casa dormir um pouco. Renato, por não gostar de Caio, não apareceu no velório, deixando Cristina desamparada naquele momento em que ela precisava de um apoio. Claudia, vendo aquela situação, ligou para Renato cobrando sua presença ao lado de Cristina. Renato falou que logo chegaria. Fecharam o caixão e o corpo saiu para o cemitério. Somente então Renato apareceu. Cristina olhou para ele, dizendo que não queria que fosse com ela para o cemitério, pois precisava dele, do seu apoio, antes, nesse momento tão difícil.

O enterro seria no cemitério do bairro de sua família. Era um sábado, vésperas do Dia das Mães, o cortejo funeral foi da capela até o cemitério.

Os dias se passaram, e Claudia estava triste pelo que tinha acontecido, mas sentia-se livre. Livre daquela opressão, do abuso psicológico e do abuso físico que sofrera a vida toda. Foram mais de trinta anos vivendo nessa situação.

Com o passar dos meses, Claudia, que era uma mulher muito bonita, cobiçada e agora viúva, chamava a atenção de muitos homens. Ela saiu algumas vezes para conhecer melhor os pretendentes, porém o que Claudia não havia percebido é que ela estava muito errada, deveria ter se resguardado, que não era dessa forma que encontraria alguém.

Cansada dessa situação e consciente de seus erros, Claudia decidiu se fechar. Já não queria mais sair de casa; apenas orava a Deus para que colocasse em sua vida um homem bom, pois tinha vontade de encontrar um companheiro que a amasse e a respeitasse. Queria vivenciar algo diferente: ter uma vida tranquila, como muitas de suas amigas.

No primeiro aniversário de Alice, Claudia quis fazer uma festa, foi uma grande comemoração com mais de cem convidados. A festa foi no galpão da cabanha e a decoração da festa foi da Minnie, inclusive a roupinha que ela vestia era da personagem. Alice entrou a cavalo em sua festa, foi um momento muito especial. Claudia não entendia o porquê de Paula, mesmo com todo o empenho dela para a organização da festa, estava tratando-a com indiferença. Em certo momento na festa, quando Claudia passou por Paula, que estava com suas amigas, percebeu que havia comentários sobre ela. Paula, por ter sido muito mimada pelos seus pais, não sabia reconhecer e ser grata pelas boas ações das pessoas, achava que as situações deveriam acontecer sempre beneficiando a ela.

A cada ano que passava, Alice ficava mais linda e muito esperta.

Um ano se passou e Claudia continuava sozinha. Em suas orações continuava a pedir a Deus que colocasse no seu caminho um homem de Deus: "Deus, coloca em minha vida um Homem de ti!! Um Homem de Deus!".

Cristina resolveu terminar o seu relacionamento com Renato, percebeu que anos se passaram e ele não se manifestou querendo casar e ter filhos. Desapontado, Renato pediu ajuda para Claudia, queria que ela intervisse na decisão de Cristina. Claudia, apesar de toda a falta de respeito em relação a ela por parte de Renato, pensando que Cristina tinha muito amor por ele, resolveu ajudar. Porém, Cristina estava decidida e muitas vezes pediu para que sua mãe não se intrometesse. Claudia, então, resolveu se calar.

Cristina, em sua faculdade, tinha vários colegas, e um desses colegas percebeu que ela não usava mais sua aliança de compromisso. Após ter certeza de que Cristina não estava mais em um relacionamento sério, resolveu se aproximar dela. Wiliam era um rapaz jovem, um ano mais novo do que Cristina, faziam o mesmo curso. Wiliam, já no começo, demonstrou que era uma pessoa de muito respeito em relação às mulheres, principalmente em relação à Cristina. Muitas qualidades chamaram sua atenção, era um rapaz com um grande caráter, íntegro, trabalhador e, para Cristina, era muito bonito, tinha uma grande atração por ele. Começaram a namorar e nos finais de semana Cristina estava sempre na casa de Wiliam. A sua família a recebeu com alegria e muito carinho, pois sabiam que era uma menina de família.

Passaram-se nove meses, decidiram noivar e marcar o casamento. Claudia achou que seria uma atitude precipitada, mas Cristina insistiu, afirmava que havia encontrado seu grande amor. Marcaram o casamento para o mês de novembro. Cristina, após a celebração do casamento no cartório, decidiu fazer apenas um almoço para os familiares. Estava terminando sua faculdade, fez a finalização do seu TCC, on-line, por conta da pandemia da Covid-19. Cristina, não queria festa, dizia que não precisava ter gastos. Sua mãe, querendo fazer uma surpresa, fez toda a decoração do seu casamento, comprou bolo, docinhos e bebidas. Cristina, no dia anterior, acabou vendo toda aquela movimentação, chorou muito, estava muito grata por tudo. Claudia diz para ela:

— Como eu poderia deixar você se casar apenas com um almoço simples? Você merece muito mais!

Claudia pediu autorização para Giovanna e Enrico para que pudesse entregar a Cristina e ao futuro marido as alianças que haviam sido dela e de Caio. Os dois não se opuseram e Claudia levou ao ourives para engrossar mais as alianças, polir e colocar os nomes de Cristina e William.

No dia do casamento, no cartório, Claudia trocou rapidamente as alianças de zircônia, que haviam comprado, colocando as alianças de ouro. No momento da troca das alianças, enquanto o juiz se ausentou para retificar o nome do seu falecido pai, Claudia, Enrico e Giovanna contaram que as alianças eram da união de Caio e Claudia. Cristina, muito emocionada, começou a chorar, chorou muito. Não se conteve da emoção que estava sentindo.

Após a cerimônia no cartório, chegando em casa, Claudia foi agilizar os preparativos do almoço. Não imaginava, que, neste dia, conheceria seu grande amor. Um dos convidados, Nelson, que era apenas amigo dos noivos, foi com sua neta. Claudia percebeu que ele olhava muito para ela e sentiu também que ele seria a pessoa que tanto pediu a Deus. Durante a festa, conversaram poucas vezes, mas, quando Nelson foi embora, trocaram o número do telefone. Durante a semana conversaram por telefone. Nelson convidou Claudia para jantar. Conversaram bastante e foram se aproximando cada vez mais. Por saber que os filhos de Nelson iriam ser contra o envolvimento dele com outra mulher, resolveram morar juntos. Nelson era o oposto de Caio: presente, preocupado com Claudia, fazia questão de sempre ajudar, mesmo quando Claudia não pedia. Nelson sempre demonstrava o quanto estava apaixonado por Claudia, buscava sempre uma maneira de cortejá-la. Claudia, cada vez mais o admirava, poder-se-ia dizer que já o amava. Nelson já se declarava para Claudia, dizia que a amava muito. Ela estava se sentindo muito segura, amada e respeitada. Da mesma maneira queria que Nelson se sentisse assim. Tinha a preocupação e o cuidado com ele.

Por ser um homem de Deus, Nelson conhecia as Escrituras e tinha muito entendimento sobre a Bíblia. Ensinava muitas coisas a Claudia, que, em suas orações, agradecia a Deus por ter enviado Nelson como seu companheiro, igualzinho como tinha pedido. Nelson levou Claudia para conhecer sua igreja e sua doutrina, também foram conhecer outras igrejas. Claudia queria seguir uma igreja, participar de cultos, adorações e estar em comunidade com outros fiéis, mas precisava sentir o chamado de Deus para escolher qual seria a igreja que iria frequentar juntamente com sua família.

Marcia, que já era de uma família cristã, aproximou-se de Deus, voltando para Jesus. Foi uma grande decisão de fé e confiança que permitiu que Deus guiasse suas decisões e suas ações. Marcia se tornou uma mulher abençoada, houve uma grande mudança no seu comportamento com uma renovação interior. Com um entendimento cada vez maior da graça e da misericórdia do Senhor, seu coração estava quebrantado de gratidão. Claudia então passou a estar sempre em contato com seu neto. Eduardo, nos finais de semana, estava sempre em sua casa. Claudia comprou um cavalo para Eduardo, que adorava laçar, assim como seu pai, Enrico, e seu avô, Caio. Pode-se dizer que herdou os gostos, jeitos e trejeitos de Enrico, além de serem muito parecidos fisicamente.

Marcia convidou Claudia e Nelson para visitarem a igreja que estava frequentando. Claudia sentiu que seria ali, naquela igreja, que iria começar a sua caminhada para Jesus. Nelson por ser da Igreja da Assembleia de Deus, não se opôs, percebeu que Claudia queria ficar mais próxima de seu neto.

Claudia sempre agradecia muito a Deus por Ele ter colocado Nelson em seu caminho, o que ela havia pedido para Deus, ele a concedera. Muita gratidão!

Os filhos de Nelson não aceitavam o relacionamento, principalmente a filha mais velha, pois perdeu a pessoa que pagava as suas contas, aquele que fazia a manutenção da casa onde morava. Existia um sentimento de egoísmo perante ao pai, que tinha o direito de recomeçar sua vida. Os filhos de Claudia não se opuseram e aceitaram bem. Claudia pedia muito a Deus para que o seu relacionamento desse certo, para que seus filhos acolhessem Nelson com carinho.

Nelson era o homem que Claudia sempre tinha almejado, a protegia e cuidava dela com muito carinho.

Entrega a Jesus

Por muitos anos, Claudia viveu em meio às lágrimas; eram dias e noites de muito choro. Mas agora, naquele momento de sua vida, ela havia se entregado a Jesus. O segredo está na espera em Deus. Confiar em Deus, só Ele sabe o tempo, só Ele libera o coração de toda a angústia, faz uma nova pessoa cheia do Espírito Santo. Somente crendo em Deus faz com que a paz more em seu coração. Jesus é a fonte de nossa alegria e Ele é quem a sustenta. A alegria começa com a salvação e aumenta conforme experimentamos a verdadeira comunhão. Conforme crescemos na fé, nossos desejos mudam. Claudia se perguntava por que não tinha feito essa entrega a Jesus antes. Algumas pessoas se aproximaram de Claudia mostrando esse caminho, mas, devido à sua vida sentimental estar muito abalada, com emoções perturbadoras e memórias tristes, pois viveu em sensação constante de perigo, passou a não confiar em outras pessoas. A falta de confiança, assim como a constante preocupação em relação à sua vida, não deixava com que Claudia se entregasse. Hoje, Claudia vive essa comunhão e, cada vez mais quer aprender sobre as Escrituras, quer ter entendimento da Palavra. Entregar-se incondicionalmente, permitindo sem restrições, que Deus dê a direção para a sua vida, mantendo seu coração sobre forte e constante vigilância, cuidando atentamente de tudo o que deixam entrar em seu interior e, principalmente das coisas que deixam sair de lá, de modo que no seu coração habite apenas o que Deus deseja que exista.

Com a entrega da sua vida para Jesus, Claudia resolveu seguir os mandamentos de Deus. Queria fazer tudo certo e, com isso, decidiram se casar. Tinham feito a união estável, mas, conversando com a líder da célula que passaram a frequentar, descobriu que, para ser batizada, precisaria consumar essa união fazendo o casamento no civil.

Sua filha Giovanna tinha encontrado um rapaz muito bom: Flavio, seu namorado, que tinha muita paciência com ela. Foi uma grande paixão entre os dois.

Flavio combinou com Claudia que pediria a mão de Giovanna em noivado. Enquanto Flavio a levou para jantar, Claudia arrumou o quarto com pétalas de flores e velas. Quando retornassem do jantar, Flavio entregaria a aliança e a pediria em noivado. Chegando em casa, Giovanna ficou perplexa pela surpresa, Flavio se ajoelhou e a pediu para que fosse sua noiva, enquanto isso Claudia estava filmando para que ficasse registrado esse momento. O grande sonho de Giovanna tinha se concretizado: sempre pedia a Deus para que encontrasse um rapaz bom, que tivesse entendimento da Palavra, que a tratasse com amor e fosse temente ao Senhor.

Claudia e Nelson foram até o cartório e com eles foram Giovanna e seu namorado, que seriam as testemunhas dessa cerimônia. Decidiram que, após a cerimônia no cartório, iriam todos para um restaurante para comemorar o casamento no civil. A líder da célula, sabendo do casamento, propôs para que um casal de pastores da igreja que frequentavam abençoasse essa união. Claudia, muito pronta, concordou. Como estava feliz por ter voltado para Jesus, aprendendo sempre mais, aprendeu que o principal é o descansar em Deus: fechar os olhos na dúvida, abrir os olhos da fé e nunca perder a esperança, lembrando sempre que Deus trabalha ao nosso favor; seus planos são perfeitos e nunca falham. Os sonhos vão se realizar, as promessas vão se cumprir. Deus está cuidando, preparando e guardando nossas vidas com muitas bençãos, mas sempre confiando no tempo do Senhor.

Claudia e suas duas filhas foram comprar o vestido que usaria na cerimônia. Suas filhas, sempre presentes e muito amigas, vibraram muito pela felicidade de Claudia, que se sente muito amada por elas, são dois anjos em sua vida. Compraram um sapato e um lindo vestido comprido, com estampa de flores nos tons de verde e na cor pérola. Cristina, querendo presentear sua mãe, comprou uma joia para combinar com o vestido.

Claudia e Nelson sabiam que teriam oito dias de licença do trabalho. Pensaram que seria muito bom passarem alguns dias só os dois, juntinhos. Compraram uma viagem em um hotel no litoral de Santa Catarina, por cinco dias.

Chegou o grande dia!

Toda produzida, com seu vestido maravilhoso para aquela ocasião, estava com as mãos trêmulas, que se escondiam atrás do buquê de flores do campo. O noivo também todo vestido formalmente, estava muito bonito.

No olhar de Claudia concentrava-se a felicidade que, poder-se-ia dizer, era comum a todas as noivas. Nelson também demonstrava alegria e ansiedade.

No casamento, as duas filhas de Claudia estavam com seus companheiros, assim como as filhas de Nelson e seus cônjuges. A cerimônia foi perfeita, com a Juíza de Paz oficializando a união e, principalmente, com a benção do pastor, que fez uma explanação sobre o matrimônio, citando referências de algumas passagens bíblicas. Logo após, o pastor fez uma oração pela iluminação de Deus ao casal e aos compromissos feitos naquele momento. Após a celebração do casamento, todos foram para o restaurante comemorar a união. Claudia sentia-se realizada por ter obedecido a Deus.

Quando obedecemos voluntariamente, Ele pode abençoar-nos sem restrições. O Senhor disse: "*Eu, o Senhor, deleito-me em honrar aqueles que me servem em retidão e em verdade até o fim*" (Doutrina e Convênios, 76:5). A obediência também nos ajuda a progredir e a nos tornarmos mais semelhantes ao Pai Celestial.

No dia seguinte, já com as malas prontas, foram para a viagem tão esperada. Conheceram muitas praias e passearam bastante. Foram dias maravilhosos. Claudia se sentia muito realizada por tudo o que estava vivendo. Agradecia a Deus sempre e pensava que estava vivendo algo que nunca tinha vivido: ser tratada com muito carinho e respeito. Claudia era muito amada. Nelson confiava em Claudia e sabia que ela era capaz de assumir compromissos e responsabilidades. Ela sentia prazer em dizer que era uma mulher casada; sentia-se enaltecida por estar comprometida, pois, antigamente, não se sentia assim: tinha receio e vergonha em dizer que tinha um marido. Ele não era presente e, muitas vezes, ele mesmo escondia, mentia, não fazia questão de ter uma família.

Todos os domingos, iam participar dos cultos na Igreja. Claudia queria, cada vez mais, estar buscando a Jesus. Suas filhas, Cristina e Giovanna, também iam na Igreja, porém Cristina se mudou para outro município quando se casou e, consequentemente, passou a frequentar outra igreja, outra congregação. Claudia agradecia a Deus por Cristina estar como antes: uma menininha meiga, com um coração enorme, companheira de sua mãe. Quando se envolveu com Renato, Cristina se transformou. Ele conseguiu fazer com que ela desprezasse sua mãe e ficasse indiferente. Claudia ainda tentava conversar, mostrar para ela o quanto estava errada, mas nada do que Claudia argumentava Cristina escutava. Passou a orar e pedir muito a Deus para que essa situação mudasse, e Deus a ouviu. Hoje, Cristina está com sua vida entregue para Jesus, totalmente voltada para Deus. A cada dia que passa, ama mais o nosso Pai Maravilhoso! Nosso Deus!

Claudia sempre orava por seus filhos: "Meu Senhor, quero te louvar e agradecer pela vida dos meus filhos", "Representam a manifestação do teu amor em nossa família; quero amá-los, compreendê-los ensinando o caminho certo".

Pedia muito por Enrico, para que se entregasse a Jesus, que o escolhesse como Senhor e Salvador de sua vida. Assim, se aproximaria de seu filho, Eduardo. Claudia sabia que seu neto estava precisando da atenção do pai.

Claudia e Nelson frequentavam uma célula, pequeno grupo de pessoas que se reuniam para compartilhar a palavra, orar, cantar louvores e fortalecer a comunhão entre os irmãos. Essa célula acontecia uma vez por semana, todas as terças-feiras, na casa do casal Katia e Fábio, pessoas muito abençoadas, sempre prontas para ajudar e orar pelos irmãos.

Houve uma preparação para que Claudia e Nelson pudessem fazer o Encontro com Deus, na igreja em que frequentavam. Eles participaram de uma célula e fizeram dez aulas do discipulado. Foram dez encontros, um em cada semana, todas as quintas-feiras. O casal Marcos e Sonia, seus discipuladores, auxiliaram nesse processo fundamental para a vida cristã, no crescimento espiritual e no desenvolvimento no conhecimento de Deus e de Sua Palavra.

Chegou o final de semana do Encontro com Deus: foram dois dias muito intensos e impactantes. Claudia viveu momentos maravilhosos, que marcaram um divisor de águas em sua vida, um verdadeiro renovo espiritual. Ela ouviu a voz do Espírito Santo com muita clareza em seu coração, mostrando vários aspectos em sua vida que ainda precisavam ser tratados. Houve muito perdão, e Claudia sentiu-se plena, leve e cada dia mais fascinada por Deus.

Assim como Claudia fez as aulas do discipulado, seu neto Eduardo também fez uma preparação para o batismo. Ele também participou do Encontro com Deus. O batismo nas águas é um momento muito precioso: é um sinal de arrependimento, uma confissão de fé e uma declaração pública de que se está começando uma nova vida com Deus.

O grande dia chegou. Muito felizes, Claudia e Eduardo entraram nas águas, uma declaração perante a todos de que ambos creem em Jesus e, agora, fazem parte da igreja, com o compromisso de continuar a obra missionária de Jesus Cristo.

O batismo nas águas foi algo instituído pelo próprio Senhor Jesus.

"E disse-lhes: Ide por todo o mundo e pregai o evangelho a toda a criatura. Quem crer e for batizado será salvo; mas quem não crer será condenado" (*Marcos* 16,15-16).

Além disso, os discípulos do Deus Filho também batizavam as pessoas nas águas: *Depois disto foi Jesus com seus discípulos para a terra da Judéia, onde se demorou com eles e batizava* (*João* 3,22).

Uma grande vitória! Claudia sentia-se plena e realizada, simbolizando a morte para o pecado e o renascimento para uma nova vida em Jesus Cristo, uma declaração pública de fé e compromisso com Ele. Estava ainda mais feliz por se batizar com seu neto. Foram tiradas muitas fotos, foi uma noite abençoada.

Ao saberem que teria uma outra célula mais próxima de sua casa, Claudia e Nelson optaram por mudar e começaram a frequentar a célula dos líderes Loren e Paulo, pessoas muito abençoadas também, que fortaleceram o momento de estender a comunhão e o cuidado entre os irmãos e Deus.

Nelson, como a maioria dos homens, desprezava a necessidade de ir ao médico, talvez por medo ou vergonha. Mas, Claudia insistiu para que ele fosse ao médico para exames de rotina. O médico clínico o encaminhou para um profissional urologista, que, depois de vários exames, constatou que Nelson precisaria fazer um pequeno procedimento: uma raspagem na próstata. Iniciaram-se, então, vários exames pré-operatórios e o aguardo da liberação da cirurgia. Nelson estava muito preocupado com o procedimento, mas Claudia conversava e tentava acalmá-lo, dizendo que não precisava se preocupar, que daria tudo certo. Assim foram três meses de espera.

Enfim, chegou o dia. O médico falou que seria um procedimento simples, sua duração seria de duas horas, mais uma hora na sala de recuperação. Claudia, na antessala do centro cirúrgico, aguardava apreensiva e preocupada.

Passaram-se quatro horas e nada. Impaciente, tentou notícias com os enfermeiros, porém sem resultados. De repente, surgiu o médico, chamando pela acompanhante de Nelson. Claudia prontamente foi ao seu encontro. O médico relatou que, durante o procedimento, houve uma parada cardíaca e que Nelson precisou ser reanimado, sendo encaminhado para a UTI para sua recuperação. Nesse momento, Claudia começou a chorar muito, desesperada e sentindo como se tivesse perdido o chão. Não conseguiu escutar mais nenhuma palavra do médico, pois seus pensamentos estavam altos, longe, pensando no que seria sua vida sem o homem que tanto pedira a Deus, a pessoa a quem amava muito. O médico avisou que Nelson sairia do centro cirúrgico passando pelo local em que Claudia se encontrava. Após passar a informação, o médico afastou-se.

Claudia, preocupada e ansiosa, aguardava a saída de seu marido, seu grande amor. Ao sair do centro cirúrgico, sedado por conta da anestesia, ela apenas fez carinhos em Nelson e chorou muito, acompanhando-o até a UTI. Logo, Claudia pensou que precisaria avisar os filhos de Nelson e ligou comunicando o ocorrido. Porém, acabou se arrependendo, pois são pessoas que não se interessam pelo pai, demonstram apenas interesse no que ele pode proporcionar. Não há aquela preocupação que deveriam ter, aquele amor de filhos em relação ao pai. Quando Nelson recebeu alta da UTI, Claudia, seu genro, Flavio, e sua filha Giovanna foram fazer um lanche, pois já estavam tranquilos em relação a Nelson.

O filho mais velho de Nelson e sua esposa foram vê-lo, pessoas simpáticas, conversaram com Claudia e a trataram bem. No quarto, estava também a filha mais velha. Ao retornarem, a filha muito grosseira, disse:

— Já deixam qualquer um entrar no hospital?

Claudia fingiu que não tinha escutado e começou a conversar com Felipe, o filho mais velho de Nelson e sua esposa. Ao saírem Felipe e sua esposa, a filha pediu para que Claudia saísse para conversar com o pai. O quarto em que Nelson estava acomodava dois pacientes e, com Nelson, tinha um rapaz que se recuperava de uma infecção. Nelson disse para Claudia que poderia sair, pois iria apenas conversar. Claudia saiu, mas ficou por perto. Não demorou muito tempo, a filha começou a gritar. Sem pensar muito, Claudia entrou no quarto e pediu para que ela parasse, pois seu pai havia saído há pouco tempo da UTI e que havia mais uma pessoa no quarto que estava se recuperando. A filha mostrou-se muito desrespeitosa com Claudia: mal educada, sem limites, grosseira, faltando com o respeito e insultando-a. No entanto, finalmente se retirou. Claudia ficou perplexa pelo que tinha acontecido.

Nelson recebeu alta e, com o passar do tempo, estava a cada dia melhor. No começo, ainda se mostrava um pouco abatido pelo que tinha passado, mas fez vários exames e seguiu com o acompanhamento do cardiologista, sem nenhum resultado preocupante.

Eduardo, seu neto, estava cada vez mais envolvido com o laço. Treinava sempre que estava em sua casa para poder participar de torneios e rodeios. Claudia ficava com o coração apertado cada vez que seu neto estava em sua casa, pois percebia como ele sentia falta do pai. Enrico não dava a atenção que um pai deveria dar ao seu filho. Claudia já havia feito de tudo para fazer Enrico entender como Eduardo precisava de um pai, da figura masculina em sua vida. Muitas vezes pedia e implorava para seu filho, mas ele simplesmente a ignorava. Ela não consegue entender como um pai, tendo seu único filho de sangue, e sabendo que não pode mais ter outros, consegue ser tão ausente. No meio do laço, dentro das tradições gaúchas, os pais fazem questão de estar com seus filhos, principalmente com os do gênero masculino, para que possam laçar juntos, pai e filho. Claudia está sempre orando e pedindo a Deus para que Enrico tenha consciência de como ele está fazendo falta na vida de Eduardo. Ela entregou nas mãos de Deus e entendeu que não será pelas mãos dela, por sua força, mas sim quando Deus achar que está no tempo certo. Deus sabe o melhor momento para as coisas acontecerem, tudo flui de maneira natural e harmoniosa pelas mãos de Deus.

Claudia, que sempre foi uma pessoa muito ansiosa, estava entendendo cada vez mais que tudo acontece no tempo de Deus. Ele tem um plano e um tempo, mesmo quando as coisas não parecem acontecer como gostaríamos.

Em *Eclesiastes* 3,1-2, enfatiza que *tudo tem seu tempo determinado e há tempo para todo propósito debaixo do céu: tempo de nascer e tempo de morrer; tempo de plantar e tempo de arrancar o que se plantou*.

Claudia passou a entender que Deus permite que algo aconteça, mesmo que para a pessoa não seja o seu plano ideal, não seja o que ela esteja querendo ou pensando, e que nada foge ao olhar d'Ele.

Entendeu que tudo o que passou na sua vida, muitos sofrimentos e dificuldades, foram processos de crescimento, fé, esperança e perseverança. Aprendeu a ver que Deus está trabalhando em todas as coisas, sempre para o seu bem. Aprendeu a confiar em Deus, seguir seus conselhos. Aprendeu a reagir com confiança e perseverança e, principalmente, a não desistir, pois os sonhos de Deus não são em vão.

O processo, muitas vezes, é desconfortável, mas é fundamental para que os propósitos de Deus se cumpram em nossa vida. Todas as coisas cooperam para o bem daqueles que amam a Deus.

Ora, aquele que é poderoso para fazer tudo muito mais infinitamente além daquilo que pedimos ou pensamos, segundo o poder que em nós opera, a esse seja glória na igreja e em Cristo Jesus, por todas as gerações, para todo o sempre. Amém.

(Efésios 3, 20-21)